최고의 투자자는 역사에서 돈을 번다

지폐의 탄생부터 비트코인까지,
세계사로 미래를 예측하는 8가지 생각도구

최고의 투자자는 역사에서 돈을 번다

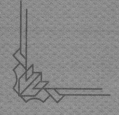
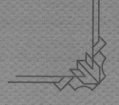

A LEADING INVESTOR EARNS MONEY
IN THE HISTORY OF THE WORLD

쓰카구치 다다시 지음 · 송은애 옮김

카시오페아
casiopea

나는 자산을 운용하는 일을 한다. '글로벌 애셋 앨로케이터Global Asset Allocator'라는 글로벌 분산 투자 분야의 매니저로서 20년 넘게 운용 업무에 종사하고 있다.

'내일은 어떻게 될지 알 수 없다'는 금융상품의 불확실성에서 비롯되는 불이익을 최대한 줄이고자 매일 수익 획득과 위험 회피의 관점에서 운용한다.

나는 오랜 기간 자산을 운용해오면서 어떤 사실을 실감했다. 바로 자산을 운용할 때 실제로 도움이 되는 지식이나 경험은 현재 시장의 분석이 아닌, 더욱더 폭넓은 세계사 지식의 '축적'과 '응용'이라는 사실이다.

수많은 펀드 매니저를 보고, 나 역시 펀드 매니저의 한 사람으로 활동해오면서 '세계사관'이 없다면 자산을 운용하며 장기간 성과를 올리기란 불가능하다고 생각하게 되었다.

이 책에서는 돈의 본질과 암호통화의 미래, 인플레이션이나 버블과 같은 경제적 현상, 과거 반복해서 일어난 경제 변동 유형, 앞으로 세계가 어떻게 변할 것인지 등을 '역사'라는 관점에서 설명한다.

세상에는 돈의 역사를 설명한 책이 많다. 하지만 그 책들로는 단지 세계사 지식을 축적할 수 있을 뿐이다.

물론 돈의 역사를 아는 것은 투자 시 매우 중요하다. 그러나 이 책에서는 이에 머물지 않고 독자 여러분이 투자할 때 도움이 될 만한 실천적 지식이나 노하우, 즉 '응용' 부분까지 확실히 파고 들어 설명하고자 노력했다.

이는 현역 펀드 매니저로서 매일 투자를 하는 나 같은 사람만이 전달할 수 있다고 생각한다.

조금 구체적으로 이야기해보겠다.

격변해가는 세계에서 오늘날 점차 수면 위로 드러나고 있는 문제가 바로 연금기금을 비롯한 기관 투자자의 자산 운용 방식이다.

현재 국민이 운용기관에 맡긴 자산은 대부분 '정적 애셋 앨로케이션(자산배분)'이라는 운용 방식으로 운영되는데, 이 점이 시대에 뒤떨어졌다는 이유로 문제가 되고 있다.

정적 애셋 앨로케이션은 포트폴리오를 구성하는 자산의 비율을 항상 일정하게 유지하는 방식이다. 이를테면 주식은 40퍼센트, 채권은 60퍼센트라는 형태를 어떤 때에도 변경하지 않는다.

시장 경기가 침체할수록 기존의 자산 비율을 유지하기 위해서 '물타기(하락 시에 매수하는 행위)'를 해야 하므로, 종합 포트폴리오에 점차 위험이 퍼질 우려가 있다.

실제로 리먼 사태 때에는 이러한 방식으로 자산을 운용했던 많은 운용기금이 더 큰 손실을 내고 점차 무너져갔다.

한편 서구에서는 최근 10년간, 리먼 사태에서 교훈을 얻어 격하게 요동치는 시대에 걸맞은 운용 방식을 모색하기 시작했다.

이 방식이 바로 '동적 애셋 앨로케이션'이다.

동적 애셋 앨로케이션은 시대의 흐름에 맞춰 포트폴리오를 과감하게 재편성하는 방식이다. 이 방식의 난점은 포트폴리오를 재편성하면서 포트폴리오의 관리 난이도가 급격히 상승한다는 점이다. 그리고 나는 포트폴리오를 관리하는 데 이 책의 열쇠인 세계사관이 꼭 필요하다고 생각한다.

세계사관이란 역사를 더욱더 넓게 그리고 훨씬 깊게 학습함으로써, 현상의 인과관계 유형을 익히고 현상의 본질을 파헤치는 것이다.

A라는 사건이 일어나면 다음에 B라는 사건이 일어날 가능성이 높다는 과거 사례의 지식을 되도록 많이 보유하고, 이러한 지식을 바탕으로 구성한 투자 시나리오를 다른 사람보다 먼저 포트폴리오에 포함하면 된다.

이러한 작업을 되풀이하면 자신도 깨닫지 못하는 사이에 '동적 애셋 앨로케이션'을 자연스럽게 실천하게 되어, 시대 흐름에 맞게 투자 시나리오가 분산된 최고의 포트폴리오를 손에 넣을 수 있다.

이 책에서는 여러 시대에 일어난 사건을 소개하면서, 오늘날 혼란스러운 금융 시장에서 '뜻밖의 상황'을 어떻게 배제하면서 자산을 운용할 것인가, 즉 세계사 지식을 어떻게 자산 운용에 '응용'할 수 있을지에 초점을 맞추어 설명하겠다.

쓰카구치 다다시

목차

제6장 암호통화_역사에서 암호통화의 미래가 보인다

제7장 불확실성_전쟁에 대비하기 위한 4가지 선택지

제1장

돈의 본질_18세기 프랑스 역사에서
돈의 본질을 배운다

투자자라면 제일 먼저 알아두어야 할 '돈의 본질'

우리는 지금 디플레이션이나 마이너스 금리 등 교과서에 실리지 않은 극단적 경제 상황을 자주 목격한다.

이처럼 비정상적이기까지 한 사건의 근본에는 무엇이 있을까.

그것은 바로 '돈'이다.

구체적으로 말해 지폐^{Paper Money}다. 그리고 나는 지폐 가치의 근원을 알면 세상에서 일어나는 사건의 본질에 훨씬 정확하게 다가갈 수 있다고 생각한다.

지폐란 종이로 만들어진 돈을 뜻한다. 지금으로부터 100년도 더 전에는 금 등으로 만든 금속 화폐가 주류였고, 금속 화폐는 근본적으로 귀금속과 동등한 가치를 지녔기 때문에 돈으로 널리 사용되었다.

그러나 지폐는 종이로 만들어지므로, 그 근본 가치는 인쇄 비용을 포함해도 1만 엔짜리 지폐가 고작 20엔 정도밖에 되지 않는다. 지폐 그 자체가 액면의 가치를 보유하지 않는다는 뜻이다. 남은 9,980엔에 해당하는 가치는 지폐의 부차적 가치가 된다.

지폐가 돈이 되기 위한 3가지 조건

그 부차적 가치는 다음의 세 가지다.

바로 '가치의 교환', '가치의 척도', '가치의 보존'이다. 돈을 사용하지 않는 물물교환의 세상을 기준으로 삼으면, 돈을 사용하는 일이 얼마나 편리하고 유용한지가 뚜렷해진다.

물물교환의 세상에서는 정말로 가지고 싶은 상품을 손에 넣을 때까지 그 상품을 가진 상대가 가지고 싶어 하는 상품을 마련해야 한다. 원하는 상품에 도달할 때까지 여러 차례 물물교환을 반복해야 하므로 엄청난 시간과 수고가 든다.

이 시간과 수고를 절약할 수 있다는 점이 나머지 9,980엔의 가치 일부를 형성한다(가치의 교환). 또 많은 사람이 똑같은 돈을 사용하고, 많은 상품의 가격이 돈을 기준으로 매겨질수록 시간과 수고는 훨씬 절약된다(가치의 척도). 더욱이 이러한 상황이 과거에도 그랬고 현재도 그러하며, 미래에도 변하지 않거나 점차 개선되리라고 예측될 경우, 돈을 저축해두면 자신이 원하는 물건을 필요할 때 손에 넣을 수 있으므로 돈은 더욱더 가치를 지니게 된다(가치의 보존).

이 가치의 보존은 물리적으로 지폐가 보존된다는 의미까지 포

함하기 때문에 돈이 거품처럼 사라져버리는 물품이어서는 곤란
하다.

이번 장에서는 '지폐의 역사'를 되짚어 볼 텐데, 이는 역사를
아는 일이 경제의 본질을 파악하기 위한 가장 간단한 방법이기
때문이다. 이 과정에서 현재 화제인 암호통화의 본질적 의의, 암
호통화가 미래 우리 삶에 끼칠 영향까지도 점차 쉽게 이해하게
될 것이다.

지폐를 만들어낸 '존 로'

지금으로부터 300년쯤 전에 스코틀랜드 출신의 존 로[John Law,
1671~1729]라는 사람이 프랑스에서 현대 사회의 바탕을 이루는 '지
폐'를 만들어냈다.

이 지폐 도입을 계기로, 프랑스는 연간 국가 세입과 맞먹는 30억
리브르 상당의 국채를 겨우 몇 년 만에 거의 제로로 만드는 전무
후무한 재정 개선을 이룩했다.

이토록 효용성이 큰 지폐는 경제에 어떠한 충격을 주었을까.

베르사유 궁전을 건설하고 주변국과 끊임없이 전쟁을 벌였던 루이 14세가 막대한 빚을 남기고 세상을 떠나자, 프랑스는 국가 재정이 파탄 날 위기에 처한다. 이와 같은 프랑스의 재정 적자를 해결할 방법을 제공한 사람이 바로 존 로다.

존 로는 카드 도박으로 큰돈을 번 천재 도박사로 벨기에, 네덜 란드, 독일, 헝가리, 이탈리아, 프랑스 등 유럽을 떠돌며 각지의 상류 계급에 인맥을 만들어나갔다. 그중에는 당시 프랑스의 섭 정이었던 오를레앙 공 필리프도 있었다.

빼어난 사교성과 경제학 지식으로 오를레앙 공의 신뢰를 얻은 존 로는 그 후 프랑스의 운명을 크게 바꾼다.

여러 나라를 전전하던 존 로는 그 무렵 다음과 같이 생각하기 시작했다.

'금화와 같은 금속 화폐는 무겁고 부피가 커서 소지하기 불편 하다. 지폐로 거래할 수 있다면 좋지 않을까?'

그리하여 네덜란드 암스테르담에서 목격한 '경제학적 부가가 치를 지폐 자체로 만들어낼 수 있다'는 현상에서 힌트를 얻어 마 침내 어떤 생각에 도달한다.

돈의 유통 속도가 떨어지면 경제는 침체한다

당시 네덜란드에서는 금을 세공업자에게 맡기면 그동안 금을 보관한다는 증서를 받을 수 있었는데, 그 증서 자체가 화폐로서 세상에 유통되고 있었다.

돈거래가 늘수록 경제는 활발해지고(화폐의 유통 속도 상승), 거래 때 발생하는 마찰(화폐 보유 비용과 거래 비용)을 억제하면 화폐 유통을 늘릴 수 있다.

국제 무역이 활발히 이루어지던 당시 유럽은 각지에서 발생하는 흑자도산으로 골머리를 앓고 있었다. 물건은 계속 팔리는데도 수중에 주화가 부족하다는 이유만으로 재고를 처리하지 못해 사업을 잃거나, 물리적으로 금화를 들고 올 수 없는 탓에 결국 자금이 모자라 흑자도산을 하는 일이 자주 발생한 것이다.

금화는 당시 런던을 비롯한 유럽 각지의 대도시에서 만들어져 마차나 배로 운반되었다. 하지만 비 등으로 길이 질퍽해져 마차가 뒤집히거나 강도를 만나거나 배가 침몰하기만 해도 화폐량이 경제 수요를 따라가지 못해 자금의 흐름이 끊겼다. 그 탓에 유럽 경제는 종종 공황 상태에 빠졌다.

즉 화폐의 유통 속도가 침체하자 실물 경제가 축소되는 일이 실제로 자주 일어난 것이다. 하지만 암스테르담에서는 금과 즉시 교환 가능한 보관증 덕분에 이와 같은 일이 좀처럼 일어나지 않았다.

화폐를 귀금속이나 주화가 아닌 지폐로 대체하면 귀금속을 수입할 때 발생하는 온갖 위험성을 물리적으로 억제할 수 있다.

또 화폐 수요에 신속하게 반응할 수 있어서 필요할 때 지폐를 인쇄하기만 하면 되니 경제가 원활하게 순환한다.

보관증은 종이로 만들어진 덕분에 가볍고 유통에 적합할 뿐 아니라 비상시에 금으로 교환할 수도 있었으므로 상품을 거래할 때 귀한 대접을 받았다. 존 로는 바로 이 점에 주목했다.

존 로는 '뱅크 제너럴(일반 은행)'을 설립하고, 금세공업자와 마찬가지로 지폐를 언제나 금화로 교환할 수 있다는 점을 보증했다. 또한 프랑스 정부는 국민 사이에서 종이 화폐의 보유 의의를 더욱 높이기 위해 뱅크 제너럴에 종이 화폐의 독점 발행권을 주었다.

뱅크 제너럴이 발행하는 지폐는 교환 가능한 금속 화폐와 동등한 가치를 지닌 하드 커런시^{Hard Currency}(국제 금융상 환관리를 받지 않고 금 또는 각국의 통화와 늘 바꿀 수 있는 화폐_역자 주)로 수용되도록 세심한 주의를 기울여 발행되었고, 지폐의 액면가 100이 금화 101개와 교환되는 등 웃돈이 붙어 차츰 인기를 끌었다.

지폐는 부피를 작게 차지할 뿐 아니라 간단히 보관할 수 있으므로 지폐로 거래하면 상거래 비용을 절감할 수 있다. 세상 사람들도 점차 이와 같은 사실을 점차 인식하게 되었다. 지폐를 이용함으로써, 여태까지 금속 화폐 사용 시에 발생했던 각종 위험에 대한 우려로 위축되었던 잠재적 경제 수요가 세상에 드러나기까지는 그리 오랜 시간이 걸리지 않았다.

지폐를 사용하는 사람이 늘어나면서 그 효과로 프랑스 경제는 점차 호경기로 전환했고, 이로써 지폐 수요는 더욱더 늘어났다.
웃돈은 101에 머물지 않고 1717년에 115까지 상승했으며, 이 선순환 덕분에 프랑스 경제는 회복세로 돌아섰다.
정부 역시 지폐 발행을 점차 비용이 적게 드는 차입 방법으로 인식하게 된다.
존 로는 금화 이상의 가치로 사람들이 사주는 저비용의 지폐를 더 많이 인쇄해야 한다며 여태까지 발행한 액수의 16배가 넘는 10억 리브르 상당의 지폐를 인쇄한다.

물론 중앙은행이 보유한 금화의 액수는 지폐 발행으로 보증하는 액수를 크게 밑돌았지만, 교환하러 오는 사람이 나타나지 않는 한 문제가 겉으로 드러날 일은 없었다.

세계 3대 버블 중 하나 '미시시피 계획'

프랑스는 루이 14세가 남긴 막대한 빚에서 하루빨리 벗어나기 위한 대책을 세워야만 했다. 지폐의 대량생산만으로는 감당이 안 될 만큼 적자였던 것이다.

이러한 까닭에 더 좋은 방법을 생각해 달라는 요청을 받은 존 로는 실질 이상의 가격으로 뱅크 제너럴의 주식을 발행하고 국민에게서 조달한 돈을 국가에 빌려준다는 방식Debt-equity Swap을 고안해낸다.

이로써 재정 적자는 단번에 해소되었지만, 이는 일시적 효과에 머물러 훗날 프랑스 혁명을 일으키는 간접적 원인을 만들어냈을 만큼 프랑스를 대혼란에 빠뜨렸다.

1717년, 존 로는 장래성이 조금도 없다고 평가받던 미시시피 회사를 저가에 매수한다. 그리고 미시시피회사를 당시 프랑스령 아메리카 식민지인 미시시피강 하구 유역을 개발하는 새로운 회사로 변경한 다음, '서방회사'라는 이름을 붙이고 경영하기 시작했다.

당시 북미에 있던 프랑스령 미시시피는 캐나다와 인접해 있었으므로 사람들은 이곳에 광물 자원이 풍부하다고 믿었다.

프랑스 정부는 북미, 서인도 제도와의 무역 독점권을 서방회사에 보증하고 그 지역 개발을 위탁했다.

1719년에는 이 회사의 조직이 뱅크 제너럴에서 이름을 바꾼 '뱅크 로열(왕립 은행)'의 소유권까지 포함하는 형태로 개편되었다. 이리하여 종합상사 겸 중앙은행이라는 성질을 가진 '인도회사'라는 독점적 국영 식민지 개발 회사가 탄생한다.

인도회사는 미시시피강·루이지애나주·중국·동인도 제도·남미의 무역 독점권, 9년간의 주화 주조 독점권, 국세 징수 집행권, 담배 전매권을 가졌다. 또 미시시피강 유역에서 개발과 무역을 독점함으로써 막대한 부를 창출해낼 것이라는 교묘한 마케팅이 효과를 거두면서 이 신규 공개 주식에 대한 기대감은 부풀어오르기만 했다.

1719년, 인도회사는 주식을 한 주당 500리브르에 신규로 공개 발행한다고 발표했다.

그리고 존 로가 생각해낸 방법은 더욱 교묘했다. 이 주식을 몇 번이나 채무 파산한 탓에 인기가 떨어져 있던 고위험 채권^{Junk Bond}인 국채, 비예 데타^{Billet D'etat}로 살 수 있게 한 것이다.

비예 데타는 당시 투자 부적격 채권으로, 액면가 100리브르인 채권이 21.5리브르에 거래되고 있었다. 따라서 이 국채로 인도회사 주식을 살 수 있다면 주식 이익 배당률은 더욱 높아지는 셈이었다.

실제로 신규 구매를 하려는 사람들이 몰려들면서 초과 신청은 6배 이상에 달했다. 당연하게도 순식간에 주가가 폭등해 발행액 500리브르의 10배가 넘는 5,000리브르까지 올랐다. 이 신규 발행 주식의 성공을 목격한 존 로는 대중이 열광하는 틈을 타 15억 리브르에 달하는 신규 주식을 추가로 발행했다. 이는 당시 16억 리브르에 달하던 국채를 전부 상쇄하기 위해서였다.

주식을 할부로 사는 것은 물론, 착수금만으로 주식을 매수할 권리까지 얻을 수 있었으므로 주식의 인기는 수직으로 상승했다.

그 결과 프랑스 정부는 인도회사라는 국영 회사가 보유하는 국채에 대한 이자로 매년 4,800만 리브르나 되는 돈을 내야 했다. 하지만 이자를 받는 측도 사실상 정부라는 사실을 상기해보면 실제로는 이자를 내지 않는 셈이었다. 이리하여 정부는 세입의 10배(GDP의 2~4배)에 달하는 거액의 부채에 지급해야 할 이자를 전부 면제받게 되었다.

루이 14세가 만들어낸 어마어마한 재정 적자가 거짓말처럼 사라진 것이다.

그런데 곰곰이 생각해보면, 인도회사에는 새로운 자본이 전혀 들어오지 않았다. 단지 고위험 채권인 국채가 인도회사의 자산이 되었을 뿐이다. 단지 주주의 수만 늘어났을 뿐이어서, 주식 수 팽창은 주식 한 주당 이익이 감소했음을 의미했다.

마치 대차대조표의 왼편이 전부 국채, 오른편이 자본인 구성과 같다.

분명 국채의 가치밖에 없는 주가는 그 본질적 가치에서 더욱더 벗어나 계속해서 급등했다. 주가는 1719년 말에 1만 리브르 선까지 상승했고, 이 사이에 존 로는 뱅크 로열을 통해 지폐를 대량으로 발행함으로써 이러한 열풍을 뒷받침한다.

하지만 이때가 절정이었다. 1719년 겨울 이후, 지폐를 대량으로 뱅크 로열에 들고 와 주화로 교환하려는 귀족이 나타나기 시작한 것이다. 사람들은 '과연 뱅크 로열의 금고에 지폐와 똑같은 액수의 주화가 있을까?'라며 의문을 품기 시작했다.

지폐에 대한 불신에서 비롯된 대혼란의 역사

뱅크 로열에 대한 불신감이 커지자 지폐를 주화로 교환해 집 안에 보관해두려는 움직임이 나타났다. 금화나 은화를 마른 풀과 소똥으로 덮은 다음, 농민으로 변장해 벨기에로 도망가는 사람도 있었다.

금속 화폐라는 본질적 가치를 지닌 자산이 국외로 빠져나가거나 프랑스 가정에 축적된 탓에 프랑스 안에서는 실질적으로 화폐 공급이 급감하기 시작했다.

존 로는 지폐의 가치를 주화 대비로 높여 민중의 불안감을 없애려 노력했지만, 반대로 많은 사람이 이를 이용하여 지폐를 주화로 교환했다. 이윽고 1720년 2월에 주화 사용은 전면 금지가 되었다.

그 후 주화의 자유로운 보유를 주장하는 칙령이 폐지되어, 파리시의 징세권을 담보로 한 2,500만 리브르의 새로운 지폐가 발행되었다. 하지만 교환 대상인 금속 화폐는 금화나 은화가 아니라 동화였다.

많은 사람이 은행에 예금을 찾으려 몰려들었다. 폭동이 빈발하는 등 혼란이 계속되었고, 금화나 은화를 가지고 국외로 탈출하려는 사람도 끊이지 않았다.

결국 버블이 꺼짐으로써 미시시피 계획은 실패로 끝났다.

존 로는 민중에게서 벗어나기 위해 국외로 도망쳤다. 그 후 도박사로서 지내다가 58세의 나이로 베네치아에서 세상을 떠난다.

이 미시시피 계획은 세계사 3대 버블 중 하나로 꼽힐 만큼 사회에 엄청난 손해를 끼쳤다. 1715년 이래, 프랑스는 과도한 신용 창조라는 버블을 이용하여 재정 재건을 꾀했지만, 버블이 꺼진 후의 상황은 루이 14세의 치세 말기보다 더 비참했다. 파산자가 속출했고 국민들 사이에서 국가에 대한 불신감이 커지면서 훗날 프랑스 혁명을 일으키는 하나의 원인이 되었다.

돈의 본질을 이해해야만 미래를 예측할 수 있다

　재정 불안, 디플레이션, 세계의 보호주의화, 원전 문제, 지정학적 위험의 고조 그리고 비노동 인구 1명을 노동 인구 1.8명이 부양해야만 하는 초저출산화 사회의 도래.

　불안이 소용돌이치는 지금 사람들은 무엇을 어떻게 해야 할지, 정보화 사회라는 현실이 얄궂게도 오히려 정보의 범람으로 판단하기가 더 어렵다. 어쩐지 지금도 그리고 미래에도 예전과 다름없는 일상생활을 보내지 않을까.

　많은 사람들이 체감하는 현재 사회의 모습은 아마 이러할 것이다.

　나는 여태까지 고작 일 년 만에 통화 가치가 절반으로 떨어져 국민의 생활이 급변한 러시아를 거점으로 비즈니스를 해왔다. 세계 경제의 영향을 여실히 받아 통화의 움직임에 남들보다 배로 민감한 러시아 사회를 보아왔기 때문에, 미국이라는 한 나라에 모든 것이 집중된 세계가 종말을 향해 가고 있음을 실감한다.

　경제를 중심으로 시대는 시시각각 변하고 있지만, 사회적인 대변혁에 다다를 때까지 이러한 변동은 자칫 눈치채기 어렵다.

우리는 초고도 화폐 경제에 입각한 국제 금융 시장을 기본으로 국민 사회를 형성하고 있다. 환율이나 주가 지수의 동향을 매일 뉴스에서 확인한다.

이러한 초자본주의 세계에서 불가피하게 살아가는 가운데, 그 세계의 토대를 이루는 지폐를 이해하지 않고 현 세계의 상황을 이해할 수는 없다. 더군다나 미래 세계를 예측하기란 더더욱 불가능하다.

존 로의 이야기로 이번 장을 시작한 이유는 여러분에게 먼저 '지폐란 무엇인가'를 알리기 위해서였다.

'지폐란 무엇인가'라는 기본을 이해하지 않으면, 앞으로 도래할 세계를 머릿속에 그리고 대책을 세운들 그 계획은 뜻대로 되지 않는다.

우리가 수많은 시간을 들이고 매일 일을 해서 획득하는 돈의 신용 가치는 지폐 발행자의 윤리에 의존하고 있다.

존 로처럼 지폐 발행액을 화폐 보유액 이내로 제한한다거나 지폐 발행을 국가 징세권의 범위 이내로 제한하는 등 어느 정도의 규범을 넘어서 통화 발행의 윤리를 무시한 사람들이 지폐 발행권을 손에 넣게 된다면, 그 후에는 이번 장에서 전달한 대로 대혼란이 우리를 기다리고 있을지도 모른다.

현대 사회는 금 또는 은과 교환할 수 없는 지폐로 성립되어 있다.

투자라는 관점에서 생각했을 때, 중앙은행의 독립성을 담보하는 법률을 가진 나라의 통화나 그 통화로 거래되는 주식, 채권, 부동산 등의 금융상품에 투자하는 일은 바람직하다.

세계가 점점 불투명해질수록 정권과 긴밀한 관계가 아닌 독립된 중앙은행의 존재는 통화의 신용을 창출해낼 때 점차 매우 중요한 요소가 될 것이다.

이번 장에서는 '지폐'의 역사에 관해서 설명했다. 이 지식은 암호통화의 장래성을 생각할 때에도 상당히 중요하다. 암호통화에 관한 자세한 내용은 6장에서 설명하겠다.

제2장

투자의 법칙_네덜란드 황금시대에서 배우는 21세기에서 살아남기 위한 투자법

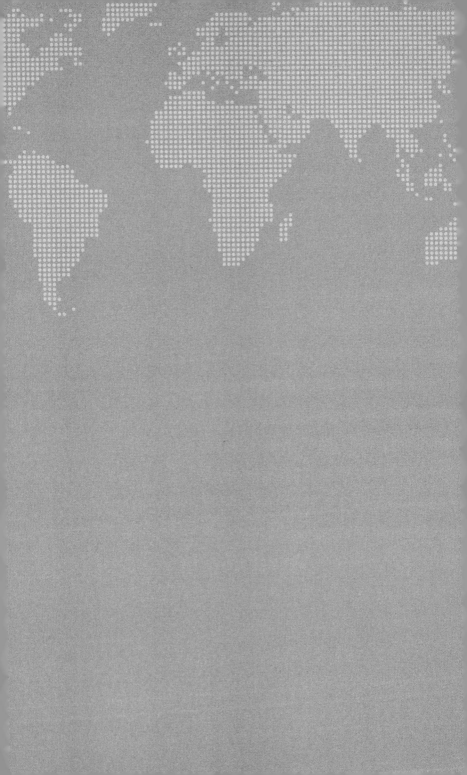

지금 세계에서 일어나고 있는 '탈세계화'

현재 미국 트럼프 정권은 경제의 방향키를 보호주의 쪽으로 크게 돌리려 하고 있다. 이를 상징하는 현상이 세계무역기구^{WTO}나 북미자유무역협정^{NAFTA}, 환태평양경제동반자협정^{TPP}과 같은 국제 협조 무역의 틀을 약하게 만들려는 움직임이다.

이러한 움직임을 바탕으로 지금 세계에서는 '세계화'에서 '탈세계화' 쪽으로 지각 변동이 일어나고 있다.

1980년대 이후 세계 경제는 국제 분업 체제를 축으로 성장해 왔다. 그 결과 무역이나 금융으로 세상이 연결되어 각국의 분업 체제 속에서 사람들이 세계의 움직임과 연동하게 된다는 세계화의 흐름이 금세기의 정보 혁명을 거쳐서 점점 더 빨라지고 있다.

이 국제 분업 체제란 19세기에 활약한 영국의 경제학자 데이비드 리카도^{David Ricardo, 1772~1823}의 비교 우위라는 개념을 이용한 것이다. 쉽게 말해 '각 국가가 다른 나라보다 뛰어난 분야에 전념하면 모두가 그 혜택을 누릴 수 있다'는 생각이다.

예를 들어, 타자 능력이 세계 최고인 변호사와 평범한 능력의 타자원이 있을 때 변호사는 이 타자원을 고용해야 할까?

이 명제에 리카도는 '고용해야 한다'고 내답한다.

변호사가 자신의 모든 시간을 사용해 변호사 업무에 전념함으로써, 타자원에게 월급을 주고도 남을 만큼의 고수익을 올릴 수 있기 때문이다. 한편 타자원도 타자 업무를 맡음으로써 수입을 얻는다.

혹자는 이 사례에서 변호사는 변호사 업무와 타자 업무 모두에서 타자원보다 실력이 뛰어나므로(절대 우위), 모든 일을 스스로 처리하는 편이 좋다고 생각할지도 모른다. 그러나 하루 24시간이라는 한정된 시간 속에서 모든 업무를 홀로 처리하기에는 무리가 따르므로, 그 시간에 타자원이 변호사와 비교했을 때 상대적으로 우위(비교 우위)인 타자 업무를 해야만 전체 생산성을 높일 수 있다.

이것이 바로 국제 무역에도 적용되는 비교 우위라는 개념이다.

그런데 트럼프 대통령의 주도로 추진되는 보호주의는 여태까지 선진국이 악착같이 구축해온 국제 분업 체제를 무너뜨리고, 더 나아가 사람·물자·돈이라는 경영 자원의 국제 이동을 제한하려는 움직임이다. 이는 다름 아닌 '세계화'에서 '탈세계화'로의 전환을 초래하는 것이다.

탈세계화가 진행되면 전 세계의 생산량이 감소하고 물품 가격이 상승한다. 예를 들어 그동안 값싼 노동력으로 대량생산 되던 중국 제품이 임금 수준이 높은 미국 제품으로 대체된다면 물가가 상승하리라는 사실은 쉽게 상상이 간다.

사실 이러한 '탈세계화'를 향한 지각 변동은 이번이 처음은 아니다. 대항해시대에 세계 경제가 연결된 무렵부터 국제 무역은 시계추처럼 자유무역과 보호무역 사이를 여러 번 오갔다.

그리고 역사의 전체 모습을 내려다보면, 이와 같은 커다란 전환기에는 시대의 흐름에 맞게 투자함으로써 막대한 부를 쌓을 수 있음을 이해할 수 있다.

'세계 경제의 정치적 삼중고란?'

그러면 전 세계 정치 경제의 흐름이 크게 변하려 할 때 우리는 어떤 투자 방침을 세워야 할까?

이때에는 먼저 흐름의 방향을 알아야 하는데, 이 방향은 다음과 같은 개념을 응용함으로써 명확해진다.

터키 출신의 정치경제학자 대니 로드릭Dani Rodrik이 제창한 개념으로 '세계 경제의 정치적 삼중고'가 있다. 이는 '세계화', '국가주의', '민주주의'라는 세 가지 사상을 동시에 추구하기란 불가능하므로, 이 중에서 두 가지만 선택해야 한다는 생각이다.

여기에서 말하는 '세계화'란 경제의 생산성을 무한정으로 추구하려는 사상이다. 다음의 '국가주의'는 무역이나 통화와 관련된 국가의 주권을 확립하려는 사상이다. 그리고 마지막 '민주주의'는 국내의 폭넓은 의견을 정치에 반영하려는 사상이다. 로드릭은 이 세 가지 사상 중에서 어느 두 가지를 선택하느냐에 따라 전 세계 정치 경제의 흐름이 결정된다고 제창했다.

이 경우 선택 가능한 조합은 다음의 세 가지다.

① 국가주의 + 세계화

민심에 상관없이 국제 분업 체제를 강화하기 위한 규제 완화를 축으로 하는 시장 중시 정책이다. 제1차 세계대전 후부터 세계 공황까지의 움직임, 탈냉전 시대에 추진된 금융자본주의 세계가 여기에 해당한다.

② 민주주의 + 국가주의

세계화를 제한하고 각 국가가 민심을 반영해 경제를 운영해나가는 것이 핵심이다. 1929년 세계 공황 이후의 세계, 현재 트럼프 정권의 미국이 여기에 해당한다.

③ 민주주의 + 세계화

세계화를 도입하면서도 시장·통화를 통합하는 등, 양쪽 민심을 반영하면서 국제 분업 체제의 틀을 협조적으로 만들어나가는 형태가 축이 된다.

'세계사'로 세계의 미래 흐름을 생각한다

그럼, 앞으로 이 세 가지 선택지 중에서 어느 흐름이 세상을 지배하게 될까?

내 생각이지만, 현재의 흐름은 '①국가주의+세계화'이고, 앞으로는 '③민주주의+세계화'를 향해서 점차 움직이기 시작할 듯하다.

참고로 '②민주주의+국가주의', 즉 보호무역과 다를 바 없는 폐쇄적 움직임은 정보 혁명이 전 세계를 휩쓴 오늘날 좀처럼 채택하기 어려운 방법이라고 생각한다. 미국 트럼프 대통령이나 영국 메이 전 총리의 정책이 벌써 국민들 사이에 커다란 균열을 낳고 있는 것은 세상의 풍조와 어울리지 않는 방법을 채택하려 하는 탓이다.

이와 같은 세상의 동향을 반영해, 2017년 봄에 실시된 프랑스 대통령 선거에서는 극우·국민전선(현 국민연합_역자 주)의 마린 르 펜이 대패하고 중도·무소속의 에마뉘엘 마크롱이 대통령에 당선되었다.

이리하여 지금 어슴푸레하나마 점차 뚜렷해지고 있는 미래 세계의 움직임 중 하나는 극단적 세계화로부터의 이탈, 다른 하나는 보호주의로의 극단적 반동이라기보다 온건한 세계화를 선택하려는 흐름이다. 민심을 반영하면서 세계화 노선을 서서히 추진해나가려는 전 세계 추세가 점차 드러나고 있다.

그렇다면 이와 같은 세상에서 우리는 어떻게 행동해야 할까? 앞으로 변모해갈 세상에서 이상적인 투자 방식을 예측할 때, 네덜란드 황금시대의 역사는 그 무엇보다 많은 점을 암시한다.

네덜란드 황금시대에서 배우는 미래 세계

'네덜란드의 세기'라 불리는 17세기, 네덜란드가 무력으로 일본에 개국을 요구한 것은 아니다. 네덜란드와 일본은 서로의 득실과 민심을 존중하면서 합의하에 세계화를 추진했다.

당시 세계 최강의 해군력을 자랑했던 네덜란드는 해전에 절대적인 자신이 있었다. 그러나 일본은 육군이 강한 나라였으므로 네덜란드는 일본에 끈질긴 외교로 임해야만 했다. 오늘날 세계화는 핵의 균형 아래 무력을 행사할 수 없는 형태로 실현되고 있는데, 당시에도 세계화는 이와 비슷한 상황에서 나타났다.

당시 일본은 노부나가·히데요시 시대(1568~1603, 오다 노부나가와 도요토미 히데요시는 센고쿠戰國 시대의 무장으로, 노부나가는 100여 년간 이어진 혼란을 종식했고 히데요시는 일본을 통일했다_역자 주)를 거쳐, 자본주의의 싹이 막 보이기 시작한 무렵이었다. 전국 규모의 금융 시장 시스템이 확립되었고, 도쿠가와·도요토미 가문의 이중공의체제二重公儀體制(도요토미 히데요시 사후 후계자 자리에 오른 히데요시의 3남 히데노리는 세키가하라 전투에서 도쿠가와 이에야스에게 패하면서 오사카 지역의 일개 다이묘로 전락한다. 한편 이에야스는 일본 전국 지배권을 거머쥐고 1603년에 에도 막부 시대를 열지만, 히데요리를 바로 제거하지 못하고 당분간 상황을 지켜보면서 두 가문이 공존하게 된다_역자 주) 아래에서 상업 자본이 형성돼갔다. 더욱이 은의 채굴·정련 기술에서 혁신이 이루어짐으로써 화폐 공급량이 급속히 늘어나 중앙에 모인 자본을 운용할 곳이 필요해졌다.

때마침 네덜란드에서도 상업 자본이 본격적으로 형성되려는 움직임이 나타났다. 유럽의 신흥국, 네덜란드에서 자본주의가 발달하기 시작한 것이다.

자세한 사정은 이제부터 설명하겠지만, 은을 갈망하던 네덜란드에 일본과의 교역은 은화를 획득할 절호의 기회였다.

당시 네덜란드(현재 네덜란드와 벨기에를 합친 지역)에서는 모직물 수출 등을 중심으로 상업이 번창했으나, 종주국 스페인이 가하는 종교 탄압과 무거운 세금으로 고통받고 있었다. 이에 견디지 못한 네덜란드는 결국 스페인에 선전포고를 했다. 이 독립전쟁에서 영국의 지원을 받기도 하여, 1581년에 전체 17주 중 북부 7주가 마침내 독립을 선언한다.

그러나 이로써 전쟁이 끝난 것은 아니었다. 스페인이 이후에도 계속해서 경제를 봉쇄한 탓에 그때까지 네덜란드에 유입되던 신대륙의 은과 아시아의 향신료가 더는 보급되지 않았다. 특히 당시에는 국제 교역 시에 은을 사용했으므로, 상업국 네덜란드로서는 은을 획득하는 일이 무엇보다 시급했다.

그 무렵 네덜란드가 주목한 나라는 일본이었다. 당시 전 세계

은의 60퍼센트가 스페인 통치 아래 있던 남미의 포토시 광산에서 산출되었고, 30퍼센트는 일본이 차지하고 있었다. 이러한 까닭에 네덜란드는 1602년에 네덜란드 동인도회사를 설립하고, 도쿠가와·도요토미 가문의 이중공의체제 일본과 교역하기로 목표를 정했다.

네덜란드가 쇄국 일본과 교역할 수 있었던 까닭

네덜란드 국민은 네덜란드 연방 의회로부터 남아프리카 희망봉에서 마젤란해협, 극동에 이르는 지역의 무역·군사·화폐 주조권 등을 부여받은 네덜란드 동일본회사가 확실히 수익을 올리리라고 예상했다. 이리하여 동인도회사의 투자권을 둘러싸고 엄청난 붐이 일어났다.

그 이면에는 회사 측의 다양한 술책이 있었다. 네덜란드 동인도회사는 투자권을 '주식'이라는 여러 개의 증권으로 나눠 소액이라도 투자할 수 있게 했다. 게다가 이 주식은 무한 책임이 아니라 유한 책임이었으며 자유롭게 양도할 수 있는 등 현대의 주식과 성질이 거의 똑같았다.

이러한 술책으로 네덜란드 동인도회사는 세계 최초의 주식회사로서 투자자로부터 막대한 자본을 모으는 데 성공했다.

당시 영국에 이미 동인도회사가 있었지만, 이는 항해 때마다 출자자를 모집하는 방식인 일회성 회사였다. 또 네덜란드 동인도회사는 영국 동인도회사의 첫 번째 항해 때의 출자금보다 10배나 큰 규모로 시작되었다. 이와 같은 사실만 보아도 네덜란드 동인도회사가 주주로부터 장기 지원을 받으며 안정적으로 운영해 나가고자 노력했음을 알 수 있다.

이 거대한 자본금을 바탕으로 네덜란드 동인도회사(이하 동인도회사)는 육·해군을 정비하고 스페인 정복하의 포르투갈이 무방비한 틈을 타서 포르투갈이 구축해놓은 아시아 상권을 빼앗는 데 성공한다. 특히 동인도회사가 번영할 수 있었던 가장 큰 이유는 아시아 최대 은 공화국인 일본과 교역한 덕분이라고 해도 지나치지 않다.

동인도회사의 주력 상품은 인도네시아산 향신료였다. 또 인도의 면직물 역시 당시 수요가 높았는데, 이 물품들을 구매할 때 일본의 은을 사용했다.

이 시기 일본에서는 교토 니시진에서 생산되는 비단 명품인

'니시진오리' 등이 큰 인기를 끌면서 생명주실 수요가 매우 높은 상황이었다. 동인도회사는 중국 푸젠성과 타이완을 거점으로 하는 무역상 정지룡鄭芝龍 등에게 대량으로 사들인 생명주실을 일본에 팔아 은을 받는 식으로 대일본 무역을 독점해나갔다.

한편으로 에도 막부(1603년 도쿠가와 이에야스가 천하통일을 이루고 에도에 수립한 무인 정권_역자 주)에 적극적으로 정치적 영향력을 행사했다. 군사 협력이 대표적이다. 1614년 오사카 겨울 전투(에도 막부가 도요토미 가문을 공격하여 벌인 전투_역자 주) 때에는 네덜란드제 대포를 도쿠가와 이에야스에게 빌려주었고, 이에야스가 이 대포를 사용해 오사카성 천수각에 포격을 가함으로써 화친이 앞당겨졌다. 그리고 1637년 시마바라의 난(일본 규수 북부 시마바라에서 천주교를 믿는 농민들이 중심이 되어 일으킨 봉기_역자 주) 때에도 막부의 요청을 받아 해상에서 포격하는 등 협력을 아끼지 않았다.

이처럼 에도 막부가 네덜란드를 높게 평가할 만한 토대가 마련된 덕분에 일본은 쇄국 정책을 취하면서 네덜란드만을 무역 상대국으로 삼았다.

이와 같은 네덜란드의 필사적인 노력이 더해지면서, 그때까지 포르투갈이 장악했던 아시아 상권은 거의 네덜란드 쪽으로 넘어 갔다. 그 결과 동인도회사의 기대 주식 배당률은 설립된 지 겨우 3년 만에 정관에 규정된 5퍼센트에서 약 80퍼센트까지 확대되 었다.

이러한 높은 배당금이 인기를 부채질하여 동인도회사는 순조 롭게 자금을 늘렸고, 설립된 지 10년도 채 지나지 않아 처음의 다섯 배에 달하는 자금을 조달하는 데 성공한다. 이로써 네덜란 드 동인도회사는 17세기, 약 100년 동안 평균 20퍼센트가 넘는 고배당을 유지했다.

네덜란드는 무력은 물론, 앞에서 설명한 대로 끈질긴 협상과 필사적인 노력을 계속한 덕분에 번영을 맞이했다. 경제 봉쇄라 는 형태로 보호주의를 내세운 스페인과 같은 군사 대국의 횡포 에 굴하지 않고, 모두 함께 자금을 모아 과감하게 모험을 떠나는 배짱과 상대국을 존중하는 외교력으로 세계 패권을 손에 넣은 것이다.

최전성기인 17세기 전반 네덜란드는 전 세계 무역의 50퍼센 트를 지배할 만큼 막대한 부를 축적했다.

갈 곳 잃은 돈이 버블을 일으킨다

그 후, 나는 새도 떨어뜨릴 만큼 막강한 기세를 자랑하던 네덜란드에 먹구름이 드리우기 시작한다.

그 징조로 17세기 초부터 전 세계 은 산출량이 차츰 감소했다. 일본과 남미 모두 은을 지나치게 많이 채굴했던 것이다.

전 세계 은 산출량은 1620년의 40만 킬로그램에서 1650년에는 25만 킬로그램으로 30년간 약 40퍼센트나 감소했다. 국제 통상 화폐인 은화의 감소는 해운업의 침체로 이어졌다. 게다가 영국과 프랑스가 네덜란드에 군사 행동을 일으켰고, 이 사건이 결정타가 되어 네덜란드 해운업은 점차 쇠퇴했다.

이후 갈 곳을 잃은 네덜란드의 자본 일부가 해운업 투자에서 국내 투기 쪽으로 방향을 틀었다. 이 사건이 바로 세계 최초의 버블로 유명한 '튤립 버블'이다.

당시 네덜란드에서는 오스만 제국에서 재배되던 튤립 알뿌리가 활발하게 개량되었는데, 이 알뿌리가 투기의 대상으로 떠올랐다. 알뿌리 가격이 가파르게 상승해 최고급 알뿌리의 값은 집 한 채보다 비싸게 거래되었다.

튤립 알뿌리의 값이 식물 애호가들조차 감당하기 힘들 만큼 급등하면서, 머지않아 튤립을 사려는 사람이 더는 나타나지 않게 되었다. 수요와 공급의 균형이 무너져버린 것이다. 그리고 1637년 2월 3일, 급작스럽게 알뿌리 값이 대폭락하기 시작하자 알뿌리를 판매·전매했던 사람들은 공황 상태에 빠졌고, 이는 점차 네덜란드 정부까지 연루된 사회 문제로 발전했다.

세계화와 어떻게 마주할까?

다시 21세기 현재로 돌아오자. 우리는 극단적 세계화가 절대 오랜 기간 지속하지 않는다는 사실을 이미 경험했다.

냉전 이후 미국 주도의 금융자본주의가 한계에 도달했고, 리먼 사태를 초래하는 형태로 주택 버블과 증권화 버블이 터졌다. 그 후에도 미국에서 세계화와 기술 진보 등으로 소득 격차가 점차 확대되면서, 2017년에 있었던 대통령 선거에서는 이와 같은 국민의 불만을 교묘히 흡수한 트럼프가 대통령에 당선되었다.

그리고 유럽연합EU도 국가 주권과 통화 발행권의 제약으로 인해 금융·재정 정책을 원하는 대로 도입하지 못하고 이민 관리가 충분히 이루어지지 못하는 상황에 빠지자 유럽인들이 초조함을 느끼면서 우파가 약진하게 되었다.

세계화를 우선하려 민주주의를 희생해도 그 반동은 반드시 나타난다는 것이 역사의 교훈이다.

그러나 세계화는 앞으로도 계속된다는 것 또한 역사의 교훈이다. 쾌적한 생활을 뒷받침하는 물자와 서비스는 전 세계 무역·금융의 일체화와 정보 혁명을 거쳐야만 비로소 실현되므로, 세계화와 우리 생활은 이제 떼려야 뗄 수 없는 관계가 되었다.

따라서 우리는 '세계화와 어떻게 마주할 것인가?'라는 방법론을 생각해야 한다.

극단적 세계화가 한계에 다다른 지금은 대화만이 유일한 방법이다.

각 국가의 사정을 헤아린 다음 충분히 시간을 들여서 국민이 이해할 만한 형태로 세계화를 추진할 수밖에 없을 듯하다.

아마도 이때에는 17세기에 네덜란드가 끈질긴 협상력을 발휘하여 점차 전 세계 패권을 거머쥐게 된 것과 같은 모습이 요구되지 않을까? 자유무역으로 통일된 세계는 이제 과거가 되려고 하기 때문이다.

이제는 품질 좋은 차를 만들고 훌륭한 서비스를 제공하기만 해서는 번영하기 어렵다. 상대 국가의 사정까지 헤아리면서 각 국가와 침착하게 협상을 거듭할 수밖에 없는, 언뜻 보기에는 생산성이 낮은 세계가 도래했다. 하지만 핵무기가 퍼져 강국조차 군사력을 발휘하기 어려운 현 상황에서는 상대 국가를 존중하고 대화로 해결해나가지 않는다면 세계화 물결에 올라탈 방법이 없다.

오늘날에는 산업 구조가 제조업에서 서비스업으로 이동하고 있는데, 서비스업에서는 규모의 경제가 작용하기 어렵기 때문에 고용을 늘리기가 어렵다. 앞으로는 인공지능^{AI}이나 로봇이 더욱더 발전하리라 예측되므로, 중위 소득을 지속해서 끌어올리기란 더욱 어려울 듯하다.

전 세계에서 소득 증가세가 주춤해지면 사회의 지속적 발전을 추진하기가 어려워진다. 이러한 까닭에 그 반동이 일어나지 않도록 국가는 지나친 효율성 추구나 다국적 기업의 과점화를 규제할 필요가 있다.

'획일적' 세계에서 벗어난다

이제 이번 장의 전반부에서 설명한 '시대의 흐름에 맞게 투자함으로써 엄청난 부를 창출해낼 수 있다'라는 말을 떠올리기 바란다. 앞으로도 세계화는 계속되겠지만, 예전에도 그랬듯이 효율성 추구가 민심에 의해 저지되는 사례도 나오므로 '획일적' 세계가 되지는 않으리라는 사실을 기억해두어야 한다.

지역의 택시 업계와 대립할 가능성이 있는 우버^{Uber}나 지역의 소비 수요를 빼앗는 아마존^{Amazon.com}처럼 세계 규모로 효율성을 추구하는 비즈니스 모델의 경우, 실직을 우려하는 민심을 반영한 각국 정권에 의해 시장에서 강제로 퇴출당하는 사례가 나올지도 모른다.

대표적 예로는 바르셀로나의 규제 강화를 꼽을 수 있다. 바르셀로나에서는 에어비앤비^{Airbnb} 등의 숙박 비즈니스를 이용하여 외국인 관광객에게 비싼 값에 방을 빌려주고 싶어 하는 집주인이 잇달아 나타나면서 세입자를 내쫓으려 한 일이 사회적인 문제로 떠올랐다. 그 결과 바르셀로나는 민박 규제를 강화한다는 결단을 내렸다.

이처럼 국경을 넘은 다국적 기업이 현지와 마찰을 일으켰을 때, 현지의 다수파를 우선하는 쪽으로 판결이 날 가능성은 앞으로도 높아질 것이다.

가격 파괴만 초래하는 산업에는 투자하지 마라

자본주의의 특징은 축적된 자본을 순환시킴으로써 이윤의 최대화를 추구하는 데 있다. 자본이 발전하려면 자본을 소비할 수 있는 공간을 항상 발견, 확대해나가야만 한다.

따라서 자본주의는 사람들을 다짜고짜 이러한 투자 기회를 찾아내는 행위로 몰아넣는다. 네덜란드의 튤립 버블 등의 투기, 일본의 조선 침략(임진왜란, 정유재란)이나 세계대전 같은 비상식적이고 비참한 사태가 일어난 까닭은 여기에 있다.

현대에도 세계적인 양적 금융 완화로 몸집이 커진 자본이 마이너스 금리 정책 또는 이로 인한 채권 버블을 일으키면서, 재정 규율의 이완과 역사상 최대의 채권 발행 잔액을 초래했다.

우리 사회가 물질만능주의, 즉 자본주의를 채용하는 이상 '자본 축적 → 이윤 추구 → 자본 투입 → 자본 과잉·이익 기회 과소 → 자본 훼손'이라는 법칙은 어느 시대에나 변하지 않는다.

미래 세계에서는 이윤의 효율화 및 최대화를 추구하고자 발 빠르게 움직이는 자본이 국가 간의 벽에 부딪혀 자주 마찰을 빚게 되리라 예상된다. 즉 '민주주의+세계화'인 세계가 도래함으로써 지금보다 훨씬 자본 활동의 교착이 뚜렷해진다. 이윤의 최대화를 추구하는 행위로 민주주의와 쉽게 충돌하는 세계가 도래하는 것이다.

앞으로는 버블이나 버블 붕괴처럼 사회의 극심한 변동을 초래하는 금융 자본에 대한 공격 또한 심해지리라 예상할 수 있다. 이처럼 시장이 관리환율 쪽으로 기울기 쉬운 사회에서는 필연적으로 물자·서비스·돈이 점차 감소하며, 이는 주식 시장에 '겨울'이 도래했음을 의미한다.

오늘날 고속 성장을 추구하는 행위는 시대의 흐름에 역행하는 일이다. 이와 같은 시대에 투자처로서 가치 있는 산업은 독창적 물자나 서비스를 제공하면서 상대국의 고용에 악영향을 미치지 않도록 배려하는 산업 또는 마이크로파이낸스^{Microfinance}(사회적 취약 계층에게 소액 대출, 보험, 예·송금 등 다양한 금융 서비스를 제공하는 사업_역자 주)와 같이 상대국에 고용이나 부가가치를 창출할 수 있는 산업이 아닐까 생각한다. 따라서 가격 파괴를 초래할 뿐인 산업에는 절대로 투자하면 안 된다.

　앞으로는 국가 정책 역시 기본 소득처럼 모든 사람이 안심하고 생활할 수 있는 제도를 도입하는 등, 보호주의의 만연을 예방하고 비효율적 경제가 나타나지 않도록 힘쓰는 일이 중요해질 것이다.

제3장

경기 순환_'4가지 경기 순환론'으로 과거는 반복된다

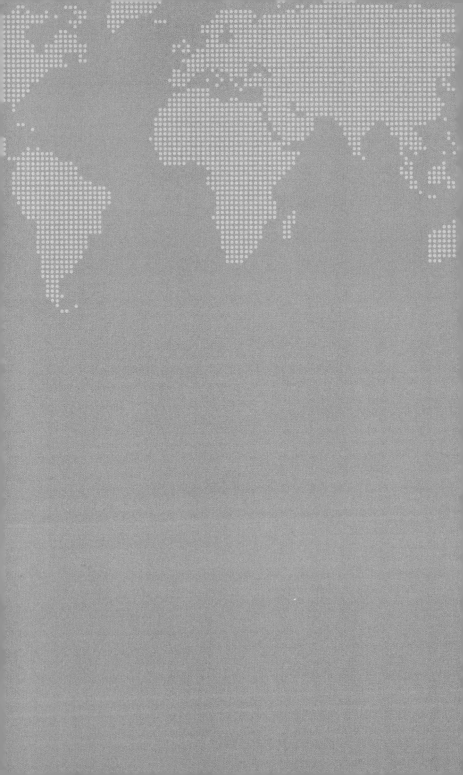

초장기 순환론으로 알아보는 일본의 21세기

일본 미야기현에 있는 도구라초등학교는 2011년 3월 동일본대지진 때 23미터에 달하는 대형 쓰나미로 피해를 보았는데도 모두 무사히 구출되어 유명해졌다. 교원이 학생들을 근처의 이스즈 신사로 유도한 덕분에 재난에서 벗어났다. 조상들이 쓰나미의 도달점을 도리이鳥居라는 기둥을 통해 알려줌으로써 자손 모두를 지킨 셈이다.

역사를 안 덕에 목숨을 부지한 좋은 사례인데, 물론 생명 다음으로 중요한 '자산' 또한 역사를 앎으로써 지킬 수 있다.

이것은 대학에서 경제학을 전공하는 학생이라면 누구나 맨 처음 배우는 지식인 '경기 순환'이라는 개념이다. 경기 순환론을 한마디로 정의하면 '역사는 반복된다'로, 크게 아래 표의 네 가지로 나뉜다.

경기 순환의 4가지 파동

이름	기간	주요 원인
키친 파동	약 4년	재고 변동에 의한 경기 순환
쥐글라 파동	약 10년	신용에 의한 경기 순환
쿠즈네츠 파동	약 20년	건설 투자에 의한 경기 순환
콘트라티에프 파동	약 50년	기술 혁신에 의한 경기 순환

경기 순환의 4가지 파동

경기 순환의 파동은 경제학의 기본이기도 하므로 여기에서 조금 설명하겠다.

먼저, 키친 파동Kitchin Wave은 재고를 쌓아 올리는 과정에서 생기는 경기 파동이다. 매출에 상응하는 재고가 없으면 고객은 다른 가게나 상품으로 가버린다. 경기가 좋을 때에는 재고를 쌓아 올리는 수요가 증가해 경기가 더욱 가속한다. 하지만 그 반대일 때도 마찬가지여서, 경기가 둔화하면 재고가 기업 수익의 발목을 잡는다. 그러므로 경영자는 재고를 줄이는 데 주력하게 된다.

이는 경기가 하락하지 않고 성장을 멈추기만 해도 신규 발주가 멈추고 세상에 큰 타격을 준다는 뜻이다. 이리하여 경기의 에너지는 점차 재고의 순환에 따라 오르내리게 된다.

과거 전 세계에서 산출한 분석 결과에 따르면, 키친 파동은 약 4년(약 40개월이라고도 한다) 주기로, 광공업 생산 지수나 경기 동향 지수 등의 추이에 뚜렷이 나타난다.

다음으로 두 번째로 긴 경기 순환인 쥐글라 파동Juglar Wave은 설비 투자의 순환으로도 설명되지만, 이 책에서는 내가 느끼기에 훨씬 실제 감각에 가까운 신용 순환이라는 말로 설명하려 한다.

이 파동은 은행의 여신 태도에 크게 의존하는 경기 파동이다. 한 예로 은행은 보통 담보부 융자라는 형태로 기업이나 개인에게 돈을 빌려주는데, 이때 기업 또는 개인이 소유한 부동산을 담보로 많이 사용한다. 부동산 가격이 상승할 때에는 은행이 융자를 쉽게 해주기 때문에 경기가 점차 자극을 받는다.

반대로 부동산 가격이 하락하기 시작하면 은행의 여신 의욕이 위축되므로, 아무리 유망한 신규 사업이라도 더 많은 담보를 요구하게 되는 등 은행의 대출 태도는 점차 경직된다. 이처럼 여신 태도의 악화는 경기에 상당히 부정적으로 작용해 경기의 파동은 점차 하향하게 된다.

최근의 사례를 들면, 2007년에 일어난 서브프라임 모기지론(비우량 주택담보대출)이라는 미국 저소득층을 타깃으로 한 대출의 회수 불능 사태에서 비롯한 세계적 금융 공황이 이에 해당한다. 쥐글라 파동은 약 10년마다 나타나는 경기 순환이다.

그리고 세 번째 파동은 쿠즈네츠 파동Kuznets Wave이다. 쿠즈네츠 파동은 약 20년 주기로 나타나며, 빌딩이나 공장 같은 대형 시설의 건설 수요에 따라 발생하는 경기 순환이다. 대형인 까닭에 다른 생산 분야에 미치는 효과가 크고, 장기적으로 경제 전반에 영향을 끼친다.

경기 순환에서 가장 중요한 '콘드라티에프 파동'

마지막으로 소개하고 싶은 파동은 이번 장의 주제인 콘트라티에프 파동Kondratiev Wave이다. 흔히 '역사는 반복된다'고 하는데, 경제의 움직임을 파동에 빗대어 상승 경향인 25년과 하강 경향인 25년의 50년 동안 사회가 크게 변화한다는 경기 순환론이 바로 '콘트라티에프 파동'이라는 초장기 경기 순환론이다.

경제학자 니콜라이 콘트라티에프Nikolai Dmitrievich Kondratiev, 1892~1938의 이름은 특히 앞으로 수년간 상당히 많은 매체에 등장하리라고 확신한다. 오늘날 시대가 크게 변화하려 하는 까닭에 콘트라티에프의 관점은 빼놓을 수 없다.

앞으로 다극화로 인해 더욱더 불확실해질 세계를 헤쳐 나가려 할 때 흔들리지 않는 어떤 목적지가 없다면, 칠흑 같은 어둠 속을 불빛 없이 운전하는 것처럼 위험천만한 행동이 될지도 모른다.

콘트라티에프는 지금으로부터 100년도 더 전에 활약한 소련의 경제학자다. 경제의 상승 국면 25년·하락 국면 25년, 총 50년을 주기로 한 나라의 사회·역사가 전개된다고 제창한 인물로, 그가 1922년에 발표한 논문에서 제창한 이론이 바로 '콘트라티에프 파동'이다.

콘트라티에프는 이 50년 주기의 사회 변동이 댐이나 철도, 발전소와 같은 사회 자본 인프라가 견디는 햇수와 밀접하게 관련되어 있다고 생각했다.

댐과 같은 항구적 자본재에 활발하게 투자하는 과정에서는 규모가 큰 만큼 경기의 상향 파급 효과가 크고, 국민 경제는 장기적으로 상승하는 경향이 있다. 그리고 이 투자 효과는 25년 정도 계속된다고 한다.

또 사회 자본 투자가 완성됨으로써 후반 25년간은 사회 자본이 노후화하기 시작하지만, 도로 함몰이나 발전소 고장으로 인한 대규모 정전 등 노후화에 수반되는 폐해가 눈에 보이는 형태로 사회에 나타나기 전까지는 막대한 투자를 필요로 하는 사회 자본 투자가 동결되며, 이것이 장기적으로 경기 하락에 압력을 가하는 형태로 작용한다.

이후에는 눈 뜨고 보기 힘들 만큼 사회 자본 투자의 노후화가 심각해지므로, 재정 면에서는 힘들지언정 대규모로 투자해야 한다는 민심이 형성되어 국가는 또다시 사회 자본 인프라에 투자하게 된다. 기억해야 할 점은 때때로 사회 자본 인프라가 차세대형 신기술을 낳아 사회에 커다란 영향을 끼친다는 사실이다.

이러한 과정에서 사회 자본 인프라 투자가 50년 주기로 갱신된다는 사실이 코트라티에프 파동으로 나타난다. 그리고 50년이라는 초장기 순환 주기로 세계의 흐름을 생각했을 때, 2018년이라는 해는 일본의 갱신 시점에 해당한다.

50년 주기로 생각하는 일본의 미래

지금에서야 나는 초장기 순환론이라는 상향등으로 어두컴컴한 밤을 밝히고, 길목에 놓인 위험을 배제하면서 살아가는 일이 얼마나 중요한지를 느낀다. 2018년부터 일본은 막대한 사회 인프라를 정비해야만 하는 중요한 국면에 접어들었다.

2018년은 바로 일본에서 메이지 유신(19세기 후반에 일어난 대규모 정치·사회적 변혁_역자 주)이 일어난 지 정확히 150년째가 되는 해이기 때문이다.

1868년 메이지 유신으로부터 시작된 신흥국 일본의 50년간, 제1차 세계대전이 끝난 1918년을 기점으로 초고도성장을 향해 갔던 50년간, 제2차 세계대전 후 고도성장기를 거치면서 환경 문제를 비롯한 고도성장의 부정적 유산을 해결하며 안정 성장을 유지해온 오늘날까지 50년간이라는 세 가지 시기로 나누어 생각하면 일본 사회의 변천 과정을 쉽게 이해할 수 있다.

콘트라티에프 파동의 50년이라는 커다란 틀을 많은 사람이 체감할 수 있는 까닭은 우리와 밀접한 일상생활의 변화를 통해서도 설명이 가능하기 때문이다.

인류는 고대 이래, 생활양식의 발전 단계에 따라 에너지 이용의 범위를 서서히 고도화, 다양화해왔다. 이 관점에서 본 시대 흐름은 석탄 시대, 석유 시대, 천연가스 시대로의 변천이었다.

18세기에 일어난 산업 혁명으로 석탄을 에너지원으로 사용하는 증기 기관이 공장이나 수송기기, 발전용 연료로 그 사용 범위를 확장하면서 세상의 모습은 크게 바뀌었다. 산업 혁명 이전에는 인구의 절반 이상이 농촌에 살며 농업에 종사했지만, 산업 혁명 이후에는 인구의 절반 이상이 도시에 살았고 그 대부분은 공장에서 일하는 노동자였다.

농업 사회에서 공업 사회로 바뀌면서 정시 통근이나 제도화된 휴가 등 공장의 생산 활동에 맞춘 생활양식이 일반화되었다.

또 20세기에 접어든 이후에는 화학 공업품 등의 이용 범위가 늘어나리라 전망되면서 석유를 널리 사용하게 되었다. 의생활과 식생활을 포함한 생활 구석구석에 대량생산 소비재가 유통되었고, 증기 기관을 응용한 교통기관(철도, 증기선)과 중유로 움직이는 대형 기선을 사용하면서 유통이 세계 규모로 확대되었다. 이뿐만 아니라 동력원으로 휘발유를 쓰는 자동차의 발달로 덩달아 여가 소비가 보급되었으며, 숙박시설과 음식점이 정비되고 유원지가 건설되는 등 관광지가 형성되어갔다. 우리 사회와 생활이 에너지원 덕분에 크게, 눈에 보이는 형태로 변모해온 것이다.

그리고 제2차 세계대전 후에는 전기 에너지를 산업체와 가정에서도 사용하게 됨으로써, 석유 사용량이 폭발적으로 증가했을 뿐 아니라 그 가격까지 급등했다.

석유는 매장량에 한계가 있고 비싸며 환경을 오염시켰으므로 천연가스와 같은 대체 에너지원이 모색되었고, 이 에너지원들을 널리 사용하게 되었다. 이것이 바로 오늘날에 이르는 50년 동안 전 세계에서 벌어진 일이다.

나중에 설명하겠지만 일본 역시 마찬가지로, 콘트라티에프 파동을 사용하여 에너지 사용의 변천과 사회 변화를 설명할 수 있다.

지금 전 세계가 수소 에너지에 주목하는 까닭

2018년 초, 나는 미국 라스베이거스에서 개최된 세계 최대 규모의 국제전자제품박람회 'CES 2018'을 관람했다. CES란 'Consumer Electronics Show'의 약칭이다.

2017년에 열린 CES 때에는 전 세계에서 18만 4,000여 명이 방문했고 4,000개가 넘는 회사가 출점했다고 한다. 전시회장인 라스베이거스는 해마다 이 시기에 매우 혼잡하여, 1박에 보통 40달러 정도 하는 호텔비가 150달러로 껑충 뛰는 등 그저 방문하는 일조차 매우 힘들다. 2018년 역시 여느 해와 마찬가지로 대성황을 이루었다.

CES는 카지노 통합형 리조트 호텔 세 곳에서 개최되며, 75만 제곱킬로미터나 되는 광활한 회장에 전 세계 기업이 출품한 각양각색의 신제품이 전시된다.

시간상 제약이 있기도 하여 엄청난 규모의 전시를 모두 관람할 수는 없지만, 나는 매년 연료 전지나 수소 에너지 관련 부분을 관심 있게 지켜본다.

이번에도 제조 회사를 비롯한 다른 수많은 참가자와 달리 투자자라는 시선을 통해, 경기 순환이라는 시점을 토대로 에너지면에서 과학 기술이 발전할 조짐은 없는지를 생각하며 전 세계에서 모이는 약 4,000개사의 전시를 둘러보았다.

이러한 관점에서 보았을 때에는 발전 출력이 기상 조건에 좌우되지 않아 안정적 전력 공급원이 될 가능성이 높은 '수소 연료 전지'가 해마다 주목을 받고 있음을 알 수 있다. 수소로 만든 에너지를 사용하면 온난화 가스의 배출량 감축에도 도움이 되기 때문에 그 인기는 한층 거세어질 듯하다.

캘리포니아주에서는 2030년까지 주행 차량 중 현재의 약 15배쯤 되는 500만 대 이상을 전기 자동차^{EV}나 플러그인 하이브리드 자동차^{PHV} 등의 저배출 가스차로 바꾸겠다는 새로운 목표를 내걸었다. 2025년까지 150만 대를 목표로 하며, 수소 충전소도 200군데로 늘리기로 했다.

수소는 원소기호 H로 표시되는 수소 원자로 이루어진 물질로, 지구에 존재하는 기체 중에 가장 가볍고 무색무취한 것이 특징이다. 수소 그 자체의 형태로는 존재하지 않지만, 물이나 탄수화물 등의 화합물에는 수소 원자가 많이 포함되어 있으므로 지구에 가장 많은 원소이기도 하다.

수소가 연소할 때 산소와 반응함으로써 물과 에너지가 생성되나, 별도의 부산물을 만들어내지 않으므로 청정에너지로 전 세계에서 주목을 모으고 있다. 수소를 만들 때 목탄을 태운다는 환경 친화적이지 않은 과정도 이미 해결되었다.

수소를 만들 때 생성된 이산화탄소^{CO_2}를 CO_2의 회수·저류 기술로 땅속에 묻으면, 이산화탄소를 전혀 배출하지 않는 수소를 사용할 수 있다.

이리하여 천연가스의 대체 전원이 될 수 있는 연료로 전 세계에서는 수소 연료를 활발히 개발하고 있다. 또 수소로 달리는 연료 전지차 등 다양한 활용법도 모색 중이다.

수소 에너지에는 청정에너지라는 장점 외에도 커다란 장점이 있다. 수소 에너지는 그 이름에서 알 수 있듯이 수소를 원료로 만든 에너지인데, 수소는 앞에서 설명한 대로 지구에 많다.

수소는 연소했을 때 물이 되는 반면, 물을 전기분해 하기만 해도 수소를 얻을 수 있고 탄화수소 등에서도 추출할 수 있다. 즉 수소는 실질적으로 무궁무진하다.

물론 단점도 있다. 수소 사회를 실현하는 데 가장 큰 걸림돌은 바로 가격이다. 현재 수소의 부피를 압축하려면 저온에서 액체로 만들어야 하므로 비용이 든다. 게다가 대규모 액화 설비나 내구성 높은 전용 탱크 등 엄격한 안전 대책이 요구되는 까닭에, 결과적으로 엄청난 비용이 필요하다.

대규모 인프라 투자는 수소 충전소 건설까지 포함한 수소 에너지의 총합 사용 비용 면을 고려했을 때 필수다. 여태까지는 차세대 사회 인프라치고는 비교적 비싸서 도저히 수지타산이 맞지 않는다고 여겨졌다.

그러나 현재에는 이와 같은 고비용을 낮추기 위한 대책으로 '연료 전지'를 활용하자는 주장이 나오고 있다. 연료 전지는 수소와 산소로 직접 전기 화학 반응을 일으켜 전기와 열을 발생시키고, 이를 모두 이용하는 것이다.

이론상 본래 원료가 가지고 있던 에너지의 80퍼센트 정도를 이용할 수 있으므로, 낭비가 없는 만큼 비용이 낮아진다.

여태까지의 화력 발전 등이 보일러나 터빈 등의 과정을 거쳐서 최종적으로 전체 에너지 중 35퍼센트의 전기 에너지만을 이용했던 상황과 비교했을 때, 전기와 열이 모두 이용 가능한 수소 에너지는 손실이 적고 효과적인 셈이다.

게다가 최종적으로 물만 생성되므로, 에너지 생산 단계에서 이산화탄소를 배출하지 않는 청정에너지라는 이점도 확실하다.

이러한 연료 전지를 아이디어의 토대로 삼아 일본이 다른 나라보다 먼저 시장에 선보인 제품으로 연료 전지 자동차^{FCV}가 있다. FCV는 수소와 공기 중의 산소로 발전하고 모터로 구동하는 자동차지만, 휘발유 자동차보다 에너지 효율이 높으며 주행 시 이산화탄소를 배출하지 않는다.

또 EV처럼 만들어낸 전력을 외부에 공급할 수도 있다. 수소 탱크가 있어서 공급 능력이 EV의 몇 배에 달하므로, 재해 등의 비상 시 대피소에 전력을 공급하는 용도로 활용하는 방안도 기대된다.

2014년에는 토요타자동차가 세계 최초로 연료 전지로 달리는 차 '미라이^{MIRAI}'를 발매했고, 자동차 산업 외에도 이미 일본 가정에서는 '에너팜'이라는 연료 전지를 이용한 급유기를 이용하는 등 연료 전지의 실제 활용 범위가 점차 넓어지고 있다.

그리고 수소 에너지의 사용량이 늘어날수록 규모의 경제economies of scale가 되어 단가 또한 내려가므로, 수소 에너지는 점차 우리 사회에서 필수적인 사회 인프라로서 정비되어갈 것이다.

CES에서 돌아오는 길, 라스베이거스에서 로스앤젤레스로 향하는 차창 너머로 초거대 태양광 발전과 풍력 발전 설비가 사막에 끝없이 펼쳐진 광경을 보았다. 여기에는 그럴 만한 사정이 있다. 라스베이거스는 사용 전력의 100퍼센트를 비화석 연료 발전으로 충당하겠다는 목표를 세웠다. 따라서 이와 같이 친환경 에너지 사용을 늘리기 위해 노력하고 있는 것이다.

미국에서는 트럼프가 에너지 전환을 방해하고 있다

이념이 있고 이후에 계획과 실행이 수반되면서 라스베이거스는 탈탄소사회의 실현을 눈앞에 두고 있다. 이는 다른 나라에도 커다란 힌트가 될 것이다.

의지만 있다면 탈탄소사회는 십 수 년에 걸쳐 서서히 실현할수 있다.

단, 미국과 같은 산유국의 경우 차세대 에너지의 모색은 기존산업과 심각한 마찰을 일으킬 가능성이 존재한다. 실제로 트럼프 정권은 산유 산업을 보호하기 위해 지구 온난화를 방지하기 위한 파리기후협정에서 탈퇴했다.

내가 생각하기에 미국의 초장기 순환은 일본과 비교했을 때 어긋나 있어서, 일본보다 반기(25년) 정도 빠른 듯하다. 이는 일본이 극동에 있다는 지정학적 이유 때문이다.

실제로 에너지 변천의 역사를 돌이켜 보면 일본은 서구와 비교해 확실히 뒤처져 있었다. 한 예로, 서구에서는 이미 19세기 초에 석탄으로 움직이는 증기 기관이 일반적이었지만, 당시 일본의 주요 에너지원은 목탄이었다. 1853년이 되어서야 겨우 사가번(현재의 사가현, 나가사키현의 일부_역자 주)에서 증기 기관차와 증기선 모형을 만들었다.

같은 시기에 미국에서는 차세대형 에너지인 석유가 발견되었다. 펜실베이니아주에서 강에 솟아오르는 기름을 채취하여 등유 원료로 쓴 것이 석유의 시작이라고 한다.

1859년에는 이 석유를 드레이크 대령이 기계로 파내자 대량의 유성油性이 나타났는데, 이는 석유 생산에 큰 획을 긋는 사건이었다. 주로 경유鯨油(고래의 지방 조직이나 뼈에서 얻는 기름_역자 주)를 대신하여 값싼 등유의 원료로 사용되면서, 골드러시에 버금가는 오일러시가 일어나 많은 사람이 유전油田을 목표로 아메리카 대륙을 횡단했다.

이 석유에서 등유를 정제한 후에 남은 것이 휘발유였다. 휘발유는 당시 산업 폐기물로 취급되었지만, 석유정제업자였던 존 D. 록펠러John Davison Rockefeller는 내연 기관(휘발유 엔진)의 연료로 재

이용하는 아이디어를 낸다.

내연 기관 자체도 1876년에 개발된 신기술이었으나, 록펠러의 스탠더드 석유사가 만들어낸 값싼 휘발유 덕분에 내연 기관으로 움직이는 자동차 등의 새로운 산업이 비약적으로 발전했다. 같은 시기에 일본에서는 처음으로 증기 기관차가 달리는 철도가 개통(1872년)되었다.

그 후 석유의 사용 범위가 무한히 확대되면서 20세기 초에는 선박도 석탄보다 열효율이 높은 석유에서 얻은 중유를 사용하게 되었다. 그리고 제1차 세계대전 때 개발된 비행기와 탱크 역시 석유의 수요를 늘리는 커다란 방아쇠 역할을 했다.

산유국 편중이 전 세계 지정학적 위험을 높인다

문제는 산유 지역이 편중된 탓에, 전 세계에서 지정학적 위험이 높아졌다는 점이다. 사회 인프라로서 이제 석유는 빼놓을 수 없는 데다 비행기나 탱크, 군함 등 군사 무기의 연료에 필수적인 자원이 되면서 석유가 전략 물자라는 지위를 얻게 됐기 때문이다. 석유를 보유한 나라와 보유하지 못한 나라 사이에는 국력에 커다란 차이가 생겼다.

특히 석유를 수출하는 국가와 수입하는 국가에서는 자국의 사활 문제를 타국이 좌지우지하지 않을까 우려하게 되었다. 실제로 1941년에 전체 수입량의 80퍼센트를 미국산 석유에 의존했던 일본은 프랑스령 인도차이나(현재 베트남)를 침공했고, 이로써 미국으로부터 석유 수입이 끊기는 바람에 국가 존속의 위기에 직면하기도 했다.

제2차 세계대전 후에는 전 세계 산유 지역이 미국과 소련에 의해 서서히 점차 둘로 나뉘어졌다. 세계가 핵무기의 균형 아래 냉전에 돌입한 이 시기, 일본은 미국에 석유의 안정적 공급을 담보 받음으로써 고도성장 시대를 맞이할 수 있었다.

당시 전 세계에서 석유 사용량이 폭발적으로 증가함에 따라 석유 고갈이 우려되던 미국 내의 산유 사정과 비교해 전 세계 산유 지역의 중심이 된 곳은 중동 지역이었다. 그런데 중동 산유국들 사이에서는 이스라엘 배격을 이유로 친이스라엘 성향인 서구에 대한 반감이 차츰 강해졌다.

갑작스럽게 여러 아랍 국가 대 이스라엘 구도로 제4차 중동 전쟁이 발발했고, 중동의 주요 산유국들은 1973년 석유 생산의 단계적 감축과 원유 공시 가격의 대폭 인상을 발표했다. 그 결과 1배럴당 3.01달러에서 5.12달러로 70퍼센트 인상 그리고 1974년에는 11.65달러로 인상하는 방안이 발표되었다.

석유 가격의 폭등은 에너지원을 중동산 석유에 의존하던 일본 경제에 찬물을 끼얹었다. 전년부터 열도 개조 계획으로 땅값이 폭등하면서 인플레이션 우려가 퍼지고 있던 일본은 수입 물가 인플레이션의 직격탄을 맞게 되었다.

이 사건이 바로 석유 파동이다. 이를 계기로 일본을 포함한 전 세계 선진국에서 인플레이션 폭등으로 사회에 불안감이 퍼져 나갔고, 그 결과 안전 보장 면에서도 전략 자원이라는 석유의 우위성이 점차 흔들리게 되었다. 이는 일본이 에너지 절약 기술에 그치지 않고 원자력 기술 개발에까지 매진하는 계기가 되었다.

그러나 그 후 1979년에 미국 스리마일 섬 원자력 발전소 사고, 1986년에 소련 체르노빌 원자력 발전소 폭발 사고가 터지자, 서구에서도 점차 원자력 발전의 위험성을 심각하게 인식하기 시작한다.

방사능 오염에 직면한 유럽에서는 핵 오염에 대한 공포가 트라우마로 변하면서 원자력을 대신할 다른 탈화학 연료 에너지원의 필요성이 점차 대두되었다. 1997년에 체결된 교토의정서(기후 변화에 관한 국제연합 규약의 교토의정서)가 발효된 후로는 온실 효과 가스를 배출하지 않는 에너지원 사용이 장려되었고, 태양 열 발전이나 풍력 발전 등 자연 에너지에서 유래한 전원電源이 점차 증가했다. 유럽에서는 총 전원 중 자연 에너지원이 차지하는 비율이 30퍼센트 이상으로 확대되었다.

일본에서도 2011년 후쿠시마 제1원자력 발전소 사고가 일어나 방사능 오염에 직면하게 되면서 원자력 발전의 안전 신화가 무너졌다. 유럽보다 늦긴 하지만 일본 역시 원자력을 대신할 새로운 에너지원을 시급히 모색해야 할 상황에 놓였다.

지금은 일본 정부도 자연 에너지나 수소 발전 기술 개발에 세제 혜택을 주는 등 아낌없는 지원을 하고 있다.

4가지 파동이 모두 상승세로 돌아선다

초장기 경기 순환론을 보면, 일본은 2018년 이후 사회 인프라를 대대적으로 정비해야만 하는 커다란 갈림길에 서 있음을 알 수 있다.

또 다른 나라와 달리 앞으로 일본에는 단기, 중기, 장기, 초장기라는 네 가지 경기 순환의 파동이 동시에 상승세로 돌아서는 국면이 찾아온다. 이는 1965년부터 시작된 '이자나기 경기(1965년 11월부터 1970년 7월까지 57개월 동안 지속된 일본의 경기 호황 현상_역자 주)' 이래의 일이다. 참고로 이 국면은 최근 100년간 러일 전쟁이나 제1차 세계대전 때 등 불과 몇 차례밖에 없었다.

역사적 에너지원의 변천 과정과 경기 순환론을 통해 차세대 에너지 인프라에 대한 투자를 지금부터 준비하는 일이 어째서 중요한지가 점차 보이기 시작했을 것이다. 나는 새로운 에너지가 개발되고 그 사용이 확대되면서 훗날 일본에 긍정적 경기 파동이 찾아올 가능성이 매우 높다고 생각한다.

미국과 25년 정도 주기가 어긋나 있는 일본의 초장기 경기 순환 관점에서 보았을 때, 기존 산업이 가하는 제약에서 벗어나지 못한 미국과는 정반대로 일본에는 경기 순환의 순풍이 불고 있음을 알 수 있다. 즉 정치적 알력이 없는 일본에는 커다란 기회가 찾아온 셈이다. 긴 도전이 막 시작되었다고도 말할 수 있겠다.

제4장

하락 시장_누군가는 돈을 벌고
누군가는 돈을 잃는다

'득이 되는 분산 투자'와 '손해 보는 분산 투자'

아무리 분산 투자를 해도 시장 하락 국면에서는 어쩔 수 없이 손실이 발생한다. 투자 신탁은 대부분 채권이나 주식, 부동산 같은 상품에 분산 투자를 하는데, 이 상품들은 기본적으로 시장이 하락하면 모두 하락한다는 점이 특징이다.

이러한 특성은 해외 주식이나 채권에 투자했을 때에도 마찬가지다. 지금은 전 세계 시장이 연동되어 있으므로, 일본의 주식 시장이 하락하면 대개 미국의 주식 시장 또한 하락한다.

지금부터 소개할 내용은 이와 같은 하락 국면을 오히려 기회로 바꾸는 방법이다.

역사를 되짚어 보면, 재벌 창업주 중에는 이러한 하락 국면을 자기편으로 만들어 막대한 부를 쌓은 사람이 많다. 하락 국면에 철저히 대비한 사람과 그러지 않은 사람 사이에서 이른바 승자와 패자라는 차이가 생겨나는 것이다.

최근에는 1997년에 있었던 아시아 금융 위기 때 막대한 부를 거머쥔 헤지펀드 매니저 조지 소로스, 2007년 서브프라임 모기지론 사태 때 150억 달러라는 엄청난 수익을 올려 유명해진 존 폴슨 등이 하락 국면을 자기편으로 만들어 성공을 거머쥐었다.

버블 붕괴에 대처하는 법

하락에 대비하려면 먼저 하락에는 두 가지 유형이 있음을 확실히 알아두어야 한다. 하나는 '빅 쇼트', 다른 하나는 '쇼트 홀'이다.

빅 쇼트는 버블 붕괴나 리먼 사태 등의 금융 위기 때 나타나는 가격 변동이다. 때에 따라서는 미국의 다우 평균 주가나 일본의 닛케이 평균 주가 같은 주가 지표가 절반 이하로 떨어지기도 하는 등 하락 폭이 매우 크다. 소로스와 폴슨은 10년마다 찾아오는 신용 순환의 파동 때문에 크게 움직인 시장 변동을 빅 쇼트로 정확히 파악했다.

한편, 쇼트 홀은 경기 주기에서 발생하거나 시장이 일시적으로 조정되는 국면처럼 빅 쇼트보다 하락 폭은 작지만 주가 지표가 10퍼센트 등 어느 정도 하락하는 상황을 의미한다.

빅 쇼트와 쇼트 홀을 피하기는 어려우나 대응책을 마련할 수는 있다.

우선 빅 쇼트의 대응책은 시장이 하락했을 때 반대로 상승하는 상품을 투자 대상에 포함하는 것이다. 시세가 떨어졌을 때 가격이 오르므로 빅 쇼트 발생 시에는 이 투자 대상이 커다란 이익을 창출해낸다. 따라서 전체 손실 폭이 줄어든다.

빅 쇼트와 쇼트 홀

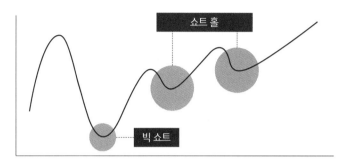

빅 쇼트: VIX의 이익을 실현하고 가격이 내려간 상품을 사는 국면
쇼트 홀: 하락을 두려워하지 않고 묵묵히 주식 수를 늘리는 국면

그리고 투자 대상의 이익을 실현한 다음 빅 쇼트로 하락하여 비교적 가격이 내려간 상품을 산다. 이후 시장이 안정되어 가격이 회복되는 단계에서는 이때 싸게 산 상품의 가격 상승을 기대할 수 있으므로, 아무런 대책을 세우지 않은 투자자보다 먼저 자산을 회복할 수 있다.

그리고 나는 'VIX^Volatility Index (공포지수)'를 투자 대상으로 포트폴리오에 포함하는 방법을 추천한다. VIX는 시장 변동이 커질수록 가치가 상승하는 경향이 있고, 시장이 크게 하락하는 국면에서는 큰 폭으로 가격이 오르는 특징이 있다.

참고로 이와 같은 VIX를 기준점으로 잡아서 기준점 대비로 승부를 겨루는 '블랙스완 투자상품'은 내 운용 전략의 한 축이다.

블랙스완이란 사전에 거의 예상하기 어렵지만, 일어났을 때 큰 충격을 주는 사건을 말한다. 유럽 사람은 백조를 모두 흰색이라고 생각했었는데, 1697년 오스트레일리아에서 흑조가 발견된 데에서 유래했다.

다른 투자자가 공황 상태일 때 돈을 벌 수 있다

만일 빅 쇼트가 왔을 때 하락 시장에서 보유 이익을 얻을 수 있는 VIX 등의 상품이 포트폴리오에 들어 있지 않다면, 당신이 투자하는 대상은 모두 가격이 내려가고 있으므로 비교적 가격이 내려갔을지언정 추가 자금을 투입해 투자하기란 정신적으로 힘이 든다.

가뜩이나 시장 환경이 공황과 다름없는 상태이기 때문에 이 상황을 냉정하게 판단하여 투자하는 것은 사실상 불가능하다.

그러나 VIX가 있다면 시장을 보는 눈에 분명 여유가 생긴다. 그리고 지금부터가 중요하다. 빅 쇼트로 VIX 보유 이익이 커지는 국면에서는 반드시 이익을 실현하고, 그 이익금은 가격이 내려간 주식이나 부동산 등 다른 투자 대상에 투자해야 한다.

많은 사람이 공황 상태에 빠져서 사고가 정지되었거나 투매할 때일수록 냉정하게 시장 가치를 판단하고 주가가 내려갔을 때 용기를 내어 매수해야만 한다. 이렇게 운용할 수 있는 사람이 훗날 부자가 된다.

매수에 나서려면 정신적 여유가 필요한데, 이 여유를 주는 것이 바로 VIX 투자다. 다만 VIX 투자에는 유의해야 할 점이 하나 있다.

VIX는 매우 심하게 변동하는 지수이기 때문에 이 상품은 포트폴리오의 10~20퍼센트 정도를 유지하는 편이 좋다는 것이다.

종합 포트폴리오의 주식主食은 어디까지나 주식, 채권 같은 실물 경제와 연동하는 상품으로, VIX는 그 반찬에 지나지 않는다. 따라서 VIX는 주식이 제대로 기능하지 못하게 된 상황을 대비해 들어두는 '보험'이라는 관점에서 생각해야 할 상품이다.

또 두 번째 쇼트 홀일 때에는 VIX를 활용하기도 하지만, 오히려 이쪽은 시간이 해결해준다는 사실을 인식하고 운용해야 한다. 쇼트 홀일 때에는 한 번 하락했다고 해서 계속 하락 상태에 머무르지 않는다.

경기 주기에 따라 시장이 회복된다는 사실을 염두에 두면, 다소 시간이 걸리더라도 가격은 언젠가 회복한다고 생각할 수 있다.

어찌 됐든 VIX처럼 시장의 하락 국면에도 강한 투자상품을 보험으로 포트폴리오에 넣어둔다면, 당황해서 투매 따위를 할 필요가 없다.

오히려 쇼트 홀로 시장이 하락했을 때야말로 주식이나 채권 등의 일반 투자상품을 계속 적립 투자한 사람에게는 절호의 기회다. 매월 일정액을 투자해온 사람은 쇼트 홀 때 비교적 낮은 가격에 상품을 살 수 있으므로, 포트폴리오를 구성하기 위한 최적의 투자 적기를 잡은 셈이다. 훗날 올리게 될 커다란 투자 수익의 원천이 될지도 모른다.

이는 과거의 다우 평균 주가의 추이를 보면 명확하다. 블랙 먼데이나 리먼 사태 등의 대규모 버블 붕괴가 일어났어도 주가는 대개 수년 사이에 원 상태로 돌아왔다. 긴 안목으로 보면 폭락 시에 저가 구간에서 확실히 투자하는 것이 자산 형성에 상당히 중요하다.

또 VIX 투자로는 S&P500 VIX 선물지수$^{S\&P500\ VIX\ Short\text{-}term\ Futures\ ER\ Index}$를 추종하는 ETF(상장지수 펀드)가 유명하다. 그러나 ETF에는

유의해야 할 점이 있다.

이 상품은 기본적으로 시장이 좋아질 때 가격이 하락하는 특징을 보이므로, 장기간 보유하기에는 적합하지 않다는 것이다. 따라서 기본적으로 가격이 계속 하락한다는 사실을 이해해야 한다.

한편, 시장이 폭락했을 때에는 큰 폭의 가격 상승을 기대할 수 있으므로 이때 확실히 매도해 이익을 실현해야 한다. 적절한 시기에 매도해야 한다는 난점까지 염두에 두고 투자하자.

'빅 쇼트'와 '쇼트 홀'은 구분할 수 있다

그럼, 빅 쇼트와 쇼트 홀은 어떻게 구분할까?

정답을 말하면 자산 버블의 붕괴가 발생하면 빅 쇼트, 그 밖의 하락 상황은 쇼트 홀이다.

빅 쇼트는 자산 버블이 붕괴할 때 흔히 나타나는 시장 현상이다. 그리고 오랫동안 광범위에 걸쳐 커다란 부정적 효과를 끼친다.

한편, 나는 자산 버블 붕괴를 제외한 하락 상황은 기본적으로 쇼트 홀이라고 보아도 무방하다고 생각한다.

참고로 내가 이 원고를 집필한 곳은 지중해에 떠 있는 섬나라, 키프로스 공화국이다.

나는 키프로스 공화국이 주최하는 헤지펀드 국제회의에 발표자로 초청받아 유럽 각국 정부, 헤지펀드, 주변 산업 종사자로 구성된 600여 명 앞에서 이번 장의 핵심인 버블(버블 붕괴)이란 무엇인가를 주제로 내 견해를 소개했다.

키프로스는 2013년 유례없는 자산 버블 붕괴를 경험했다. 그 결과 금융 공황이 발생해 예금이 봉쇄되었고, 키프로스 국민은 10만 유로가 넘는 예금을 모두 몰수당했다.

키프로스는 인구 85만 명 정도에 면적이 9,251제곱킬로미터(남한의 약 10분의 1_역자 주)인 작은 나라로, 소국이면서 유럽 연합에 가입해 2008년부터 자국 통화로 유로를 사용하고 있다.

특히 키프로스는 GDP의 70퍼센트 이상을 회계 사무소와 변호사 사무소, 금융기관 등의 서비스 부문이 차지하고 있는 나라이다. 그동안 주로 동유럽의 오프쇼어 센터^{Offshore Center}(비거주자를 위한 금융 서비스에 조세나 외국환 관리의 규제를 완화하는 특전이 주어진 금융 시장_역자 주)로서 자금을 모아온 이력이 있으며, 2013년 당시까지 동유럽으로부터 GDP의 몇 배를 웃도는 돈이 유입되고 있었다.

키프로스은행을 비롯한 키프로스 지역의 금융기관은 이 막대한 해외 자금을 운용하는 문제에 직면했다. 그리하여 같은 그리스인으로 친숙한 데다가 똑같이 유로를 사용해 환차손換差損이 없으며 고수익인 그리스 국채에 자금의 반 이상을 투자했다.

통화가 유로로 통일되어 그리스에 비교적 낮은 유로의 단기 금리가 적용된 이후 그리스 국채의 인기가 단숨에 높아졌으므로 그리스 국채를 안전 자산이라고 생각했던 것이다.

그런데 그리스에 채무 위기, 이른바 그리스 위기가 발생하자 그리스 국채의 가격이 폭락했고 키프로스 금융기관의 운용 자금은 회수 불능 상태에 빠졌다.

키프로스인 누구도 국채에 투자해 손실을 보리라고는 예상하지 못했다. 하지만 말만 국채지 그리스 국채는 실물보다 고평가되어 있었으므로, 그 반동으로서 블랙스완이 일어나고 말았다.

자산 버블이 일어나는 3가지 조건

나는 자산 버블이 일어나는 조건을 다음의 세 가지로 본다.

① 장기간 이어진 금융 완화와 인플레이션 조정 후의 마이너스 금리 환경

1930년대의 일본 군수 경기에 불을 붙인 쇼와 공황(쇼와 시대 (1926년 12월 25일~1989년 1월 7일) 초기에 일어난 일련의 공황. 1927년의 금융 공황으로 시작하여 1929년의 세계 공황에 의해 심각해졌으며, 1930~1931년에 절정에 달했다_역자 주) 이후의 다카하시 재정 시기 (만주사변 후, 이누카이, 사이토, 오카다의 각 내각에서 대장상(한국의 재정경제부 장관)을 역임한 다카하시 고레키요가 적극적으로 저환율, 저금리, 저금리, 재정 지출 확대 정책을 펼친 시기_역자 주), 헤이세이 불황 (버블 붕괴 후에 찾아온 불황으로, 1991년 3월부터 1993년 10월까지를 제1차 헤이세이 불황, 1997년 6월부터 1999년 1월까지를 제2차 헤이세이 불황, 2000년 12월부터 2002년 1월까지를 제3차 헤이세이 불황이라고 한다, 즉 잃어버린 10년_역자 주) 후의 일본의 초금융 완화 시기가 여기에 해당한다.

② 규제 완화나 기술 혁신에 따른 실물 경기의 변화 및 잠재 성장률 상승을 실물보다 낮게 평가한 시장 환경

옛 사례로는 16세기 선박 기술 발달에 따른 스페인 은의 공급량 증가와 훗날 심각한 인플레이션을 초래한 가격 혁명 시기에 해당하고, 비교적 최근의 사례로는 1995년 '윈도 95' 발매와 인터넷 보급 후에 일어난 IT 혁명, 닷컴 버블이나 IT 버블이 일어나고 있는 현재까지의 전 세계 상황이 여기에 해당한다.

③ 시장(채권 시장)의 낙관론 확산이나 잠재 성장률 상승을 낮게 평가하여 금리를 인상해야 하는데도 채권 금리가 계속 낮은 상태

제2차 세계대전 중의 가격 통제 경제와 종전 후 물가 폭등에 시달린 일본 그리고 아시아 금융 위기 때 동남아시아 국가들이 여기에 해당한다.

참고로 나는 위의 세 가지 조건이 현재 전 세계에서 나타나고 있다고 생각한다.

①에 관해서 말하면 유럽, 미국, 일본의 금융 완화적인 상황에서 생각했을 때 유럽과 미국에서는 금리가 정상화되기 시작했으나 아직도 신중한 태도가 엿보이므로 인상해야만 하는 수준까지 금리가 오르려면 아직 시간이 더 필요할 듯 보인다. 즉 아직 금융 완화 상태가 이어지고 있다.

②에 관해서는 트럼프 대통령의 금융 규제 완화나 AI와 로봇 투입에 따른 대규모 기계화 등으로, 자본 장비율(자본의 유기적 구성 정도를 나타내는 지표, 자본 집약도_역자 주) 인상이 순조롭게 생

산성을 끌어올리는 상황이 펼쳐지리라고 전망된다. 이로써 이미 실질적 잠재 성장률이 상승했다.

그리고 ③의 관해서는 미국의 유력 자산 운용 회사가 주창했듯이, '뉴노멀New Normal(시대 변화에 따라 새롭게 떠오르는 기준 또는 표준을 뜻하는 말로, 2008년 세계 경제 위기 이후에 부상한 새로운 경제 질서를 뜻한다_역자 주)'로서 잠재 성장률이 떨어진 탓에 금리가 낮은 것이라며, 낮은 물가를 근본에서부터 긍정하는 논조가 있는 점이다. 물가 동향에 관한 극단적 낙관론이 채권 시장(금리 저하)을 부양하기 시작했으며, 제롬 파월 FRB 의장도 이 의견을 지지하고 있다.

나는 현재 전 세계에서 위의 세 가지 조건을 배경으로 자산 버블이 형성되고 있다고 생각한다. 시세의 앞날에 대한 낙관론이 강해지고, 저인플레이션이나 저금리는 구조적인 것으로 이후에도 장기간 이어지리라는 견해가 퍼짐으로써 투자 자금이 주식이나 부동산, 고수익 채권에 유입되는 상황이 최근 10년간 이어지고 있다.

단, 역사를 되짚어 보면 이와 같은 물가 동향에 관한 지나친 낙관론과 그 후에 일어나는 지나친 비관론은 매번 반복되는 현상으로, 대개 약 10년에 한 번꼴로 '버블'이 반복되어왔다.

이 10년 주기는 '쥐글라 파동'의 신용 주기와 정확히 일치하며, 낙관론이 적절한 수준을 넘는 재정^{Finance}을 기업이나 은행에 허용할 때 버블(자산 가격 실태와의 비동조화)이 발생하기 시작한다.

2008년 리먼 사태가 일어난 후로 약 10년이 흘렀다. 이번에도 역사를 그대로 따라갈 가능성이 커졌으므로, VIX를 포함하는 포트폴리오를 지금 확실히 만들어두어야 한다.

전 세계가 보폭을 맞추기 어려운 금리 인상

더욱이 내가 주목하는 점은 전 세계를 순식간에 돌 수 있는 국제 머니의 움직임이 이와 같은 저금리 낙관론의 조성을 부추길지도 모른다는 사실이다.

만일 미국이 인플레이션의 징후가 보이는 실물 경제 개선에 맞춰서 금리를 올렸다고 하자. 그런데 일본에서 아직 인플레이션의 징후가 나타나지 않았을 경우, IT 혁명을 거치며 국제 금융시장이 극도로 발달한 오늘날에는 컴퓨터 버튼 하나만 누르면 일본 국내의 자금이 즉시 금리가 높은 미국의 장기 채권으로 몰리게 된다.

그 결과가 곧 채권 시장의 장기 금리가 정책 금리 인상에 맞춰서 더는 오르지 않는 상황이다. 나는 이 채권 시장에서 저금리 상황이 이어지고 있는 현재 상황으로 판단했을 때, 이미 미국 채권 시장에 물가의 낙관론이라는 잘못된 생각이 퍼지기 시작했다고 보고 있다.

이 자금에 해당하는 부분은 일본의 은행 입장에서 차입에 해당하며, 일본의 은행은 이 예금을 원자原資로 한 자금을 안전한 자금인 채권으로 운용한다.

엔 채권으로 말하자면, 일본은행의 마이너스 금리 정책 때문에 금리가 0퍼센트 이하이므로, 엔 채권이 아닌 외채로 그 자금이 대부분 흘러가고 있다. 또 외채에 투자할 때에는 대개 환헤지(환차손 회피책)형이다.

이 환헤지형 외채 투자는 약간 복잡하나, 간단히 말해 외채 투자를 엔 채권 투자 같은 형태로 전환할 수 있는 것이다.

외채의 장단기 금리 차가 엔 채권의 장단기 금리 차보다 클 때에는 마치 엔 채권 투자처럼 환차손이 없는데도 엔 채권보다 커다란 플러스 이자를 얻게 된다.

방금 설명한 키프로스의 사례는 아니지만, 미국 국채에 대한 투자인 데다가 환차손도 없는 투자이므로 위험이 제한된다는 착각을 부추기는 듯한 상황이 최근 10년간 계속 이어져 왔다. 그리고 이 착각이 절대적 현상으로 받아들여지는 바람에 커다란 비극이 일어나고 있다.

2017년에 접어들어 미국 금리가 상승하기 시작하자 일본의 은행 채권 포트폴리오가 크게 훼손되기 시작한 것이다. 2018년 3월기의 은행 결산에서는 은행이 대부분 외채 투자에서 실패하여 큰 손실을 보았음이 밝혀졌다.

한편, 여태까지 미국 채권 시장은 일본의 은행으로부터 환헤지형 외채 투자를 받음으로써, 일본은행이 베푸는 유례없는 이차원 완화(양적 및 질적 완화_역자 주)의 혜택을 누려왔다. 미국의 정책 금리가 상승해도 일본의 은행이 미국 채권을 적극적으로 매입하여 부양해준 덕분에 여태껏 미국 채권 시장은 견고히 유지되었다.

방만한 재정으로 온갖 억지를 부려도 장기 금리가 그다지 오르지 않았으므로, 그동안 트럼프 대통령은 손쉽게 차입을 해왔던 것이다.

그런데 앞에서 설명했듯이 이 일본의 은행에 의한 환헤지형 외채 투자가 원활히 이루어지지 않게 되었다.

외채의 장단기 금리 차가 서구의 금리 정상화의 흐름 속에서 점차 축소되었기 때문에, 일본의 은행을 통해서 유입된 거액의 자금이 미국 채권 시장에서 빠져나가기 시작했다. 앞으로 미국 채권 시장이 크게 동요하게 된다면 빅 쇼트로 이어지는 움직임은 더 커지리라고 예상된다.

예전에 키프로스가 그리스 국채를 부양해왔듯이 일본의 자금은 미국 채권 시장을 부양해왔다. 그러나 미국의 장단기 금리 차가 축소되면서 일본의 은행이 환헤지형 외채 투자를 축소했고, 그 결과 미국 채권 시장에서 유동성이 사라져가고 있다.

최종적으로는 주식 시장을 부양해온 저금리 환경이라는 버블을 파괴하는 사태로 이어지게 될 것이 분명하다.

그런데 일본의 은행에 이처럼 무리한 외채 운용을 강요하는 사람은 다른 누구도 아닌 일본인이다. 그리고 그 배후에는 일본의 막대한 가계 자산이 있다.

일본의 가계가 초저금리인 탓에 이자를 거의 기대하기 어려운데도 수중의 돈을 '주식'이나 '투자 신탁' 등으로 운용하지 않고 예금을 늘리고 있기 때문이다.

그렇다면, 일본인이 투자를 꺼리는 이유는 무엇일까?

뉴스에서는 그 이유로 '투자라고 하면 어쩐지 속는 느낌이다', '금리는 낮지만 은행은 안전하다', '위험이 따르므로 주식 투자는 하지 않는다', '불안한 미래를 생각해 그저 착실하게 돈을 모으고 있다'라는 의견이 소개되었다.

나 역시 이와 같은 불안감 탓에 많은 사람이 원금을 보장해주는 '현금·예금'을 선택하는 현실을 어느 정도는 이해한다. 그러나 내가 보기에는 이러한 일본인의 심리가 점차 극단적인 상황으로 치닫고 있는 것 같다.

돈을 은행에 맡기지 않고 수중에 지니고 있는 이른바 '장롱 예금'이 증가하고 있기 때문이다. 산출해보면 최근 15년간 50퍼센트나 늘어 전체로는 무려 약 43조 엔에 달한다고 한다.

금고의 매출액 또한 최근 1~2년 사이에 10퍼센트나 늘었으며, 그 고객은 주로 고령자라는 것이 밝혀졌다. 최근에는 수억 엔에 달하는 다량의 현금을 보관할 수 있는 대형 금고를 찾는 사람이 늘고 있다고도 한다. 이와 같은 비정상적인 상태의 도달점은 대체 어떤 곳일까?

사람이 돈을 가지고 싶어 하는 3가지 동기

우리는 항상 '돈'을 가지고 싶어 한다. '돈이 더 많으면 좋을 텐데.' 이렇게 생각해보지 않은 사람은 아마 없으리라.

그럼, 우리는 대체 왜 돈을 가지고 싶어 하는 것일까?

그 동기는 크게 세 가지로 나눌 수 있다.

첫 번째는 지금 무언가 서비스나 상품을 구매하기 위해서라는 '거래 동기'다.

옷을 사고 싶다, 케이크를 먹고 싶다, 여행을 가고 싶다 등 일상생활 속에서 생겨나는 욕망을 채우기 위한 돈이다.

두 번째는 '예비적 동기'다. 이 동기는 장래에 무언가 서비스나 상품을 구매하기 위해서 돈을 보유해두려는 것이다.

내년에는 이사하고 싶으니 이사 비용을 모아두어야겠다, 결혼식 때까지 얼마만큼의 돈을 모으고 싶다 등 장래의 목적을 위한 돈이다. 불안한 미래에서 비롯되는 장롱 예금도 여기에 해당한다.

세 번째는 '투기적 동기'다. 장래에 무언가 금융 자산에 투자할 때를 대비하여, 지금은 돈(=화폐)이라는 유동성이 높은 자산을 보유하고자 하는 사고에서 비롯된 동기다.

첫 번째 거래 동기와 두 번째 예비적 동기를 이해한 사람도 세 번째 투기적 동기에는 고개를 갸우뚱할지 모른다. 여태껏 투기적 동기를 한 번도 생각해보지 않은 사람도 적지 않을 것이기 때문이다.

그러나 나는 앞으로 더 나은 미래를 살아가는 데 중요한 주제가 되는 동기야말로 투자적 동기라고 생각한다. 투기적 동기는 돈을 보유할 때의 기회비용이 적을 때 커진다. 즉 예금 금리가 낮거나 주식 투자에서 원하는 수익을 기대하기 어려운 상황에서는 현금을 보유해도 잃을 것이 적다는 뜻이다.

따라서 실질 금리와 인플레이션율을 더한 '명목 금리'가 낮으면 낮을수록 투기적 동기가 높아지고, 바로 이러한 까닭에 장롱 예금 등으로 돈을 보유하려는 현상이 쉽게 나타나게 된다.

오늘날은 제로 금리 또는 마이너스 금리의 세상이다. 이 말은 곧 거래 시 누구나 받아주는 간편함이라는 관점에서 보았을 때, 가장 손쉽게 사용 가능한 '현금'이라는 화폐를 보유하려는 동기가 높아졌다는 뜻이다. 제로 금리나 마이너스 금리 정책 아래에서 현금에 대한 수요는 이론상 무한대다.

플러스 금리인 경우에는 사람들이 현금을 예금하고 은행에서 그 돈을 대출해줌으로써, 기업의 설비 투자 등으로 자금이 배분된다. 그 결과 직간접적으로 시장에 플러스 수입을 가져다준다는 흐름이 형성되지만, 제로 금리나 마이너스 금리인 세상에서는 예금이 생산성 향상에 도움이 되지 않는 화폐라는 형태로 보유된다.

더 극단적 형태는 예금이 마이너스 금리를 적용받을 정도라면 차라리 장롱 속에 보관해두겠다는 생각이다. 이는 일본 경제가 1990년대 후반에 빠졌던 '유동성의 덫'이라는 위기 상황이다.

현재 일본에서는 은행 예금도 늘고 있어서 장롱 예금의 증가가 그다지 눈에 띄지 않는다. 그러나 장롱 예금이 늘어나는 현상은 그만큼 본래 은행 시스템에 흐르는 돈의 양이 줄었다는 것을 의미한다.

이러한 상황은 은행이 기업에 대출해줄 자금이 감소한 셈이므로, 은밀하게 경기 후퇴의 흐름이 생겨난다. 실제로 일본에서는 2016년 2월에 마이너스 금리가 도입되자 은행권을 중심으로 주식 시장이 급락했다.

신용 창조의 원천인 은행의 체력이 저하한 것 자체가 기업 대출을 늘리겠다고 운운하기 이전의 더 큰 문제라는 사실을 일본은행 구로다 하루히코黑田東彦 총재는 간과하고 있었다.

결국, 눈앞의 가계 자산을 억지로라도 예금 밖으로 꺼내려 마이너스 금리 정책을 강행하자 정반대 효과가 나타나고 말았다.

이제 예금을 줄이는 일이 은행의 사활 문제로 이어진다는 사실을 이해했을 것이다.

BIS 규제하의 자기자본비율규제인 8퍼센트라는 숫자를 염두에 두면, 1이란 예금을 무려 12.5배로 늘릴 수 있는 신용 창조의 역회전이 일어나므로 이론상으로는 예금이 8퍼센트 감소할 경우 은행이 예금 총액에 해당하는 금액만큼 대출을 회수해야만 한다.

반대로 말해 예금을 늘릴 수만 있다면, 은행은 갖가지 재난 같은 상황을 은폐할 수도 있다는 말이다.

현재는 투자 위험을 회피하려는 고령자 덕분에 예금이 늘고 있으므로 금융 시스템에 불안을 초래하지 않고 어떻게든 견디고 있다. 그러나 앞으로 채권 버블이 터지는 과정에서 금융 시스템에 불안감이 생길 가능성 또한 부정하기 어렵다.

그리고 이때가 되면 예금이 초대형 은행이나 우체국에 집중될 것이 분명하고, 마이너스 금리 아래에서 은행은 대부분 체력이 허약해진 상태이므로 대출을 회수하는 곳이 늘어날 것이다.

일본금융청이 초대형 은행의 정리해고와 지방 은행의 재편 등을 추진하는 목적은 위와 같은 사태에 지금부터 대응하기 위해서라고 말할 수도 있다. 실제로 모리 노부치카森信親 전 금융청 장관 등은 채권 버블이 붕괴할 가능성과 지방 은행을 재편해야 할 필요성을 이미 언급했다.

일본 금융청이 2017년 6월에 발표한 105개 지방 은행의 2017년 3월기 결산 개요를 살펴보면, 단체 베이스単体ベース(모회사만의 정보_역자 주)의 최종 손익 합계는 전년 대비 14.7퍼센트 감소한 1조 2억 엔의 흑자였다. 대출 금리의 매매차익이 축소되면서 2년 만에 감소세로 전환했다.

이 수치가 1년 후인 2018년 6월의 동일한 발표에서는 전년보다 더욱 감소한 9,965억 엔으로 나와, 마침내 1조 엔 선을 밑돌았다. 지방에서는 고령화까지 진행되고 있어서 앞으로도 대출 수요의 회복을 바라기는 어려울 듯하다.

그러나 일본 금융청은 일본은행의 금융 완화 정책으로 저금리가 이어져서 대출 차익이 축소됐기 때문에 지방 은행의 과반수가 본업인 고객 대상 서비스 업무에서 적자를 냈다고 지적했다. 금융청은 단기 유가증권 운용에 의존하고 아파트 대출도 늘리고 있는 각 은행에 지속 가능한 비즈니스 모델을 만들라고 경고했지만, 현재 다른 곳에 신경 쓸 여력이 없는 지방 은행의 경영진은 별다른 반응을 보이지 않고 있다.

신용 주기는 약 10년마다 찾아온다. 2008년 9월 15일, 미국 투자 은행인 리먼 브라더스는 연방 파산법 11조(챕터 11)를 신청했고, 이 사건을 방아쇠로 전 세계에서 금융 위기가 발생했다.

당시 본래라면 워런 버핏이 말한 '군침이 나오는 바겐세일 상태'인데도, 많은 투자자에게 있어 바닥시세에서 주식을 사기란 정신적으로 불가능했다.

주식을 살 수 있었던 사람은 VIX 투자를 했거나 매월 묵묵히 적립 투자를 해오던 사람들이었다. 나는 당시 세계적 자산 운용 회사 블랙록에서 절대 수익 추구형인 글로벌 매크로 전략 펀드를 운용했는데, 빅 쇼트에 대비하는 포지션이 효과를 거둬 블랙록에서 가장 높은 수익을 올리는 큰 성과를 거뒀다.

참고로 리먼 브라더스 사태를 세계적으로는 '세계 금융 위기The Global Financial Crisis'라고 하며, 마이너스 금리도 영어로는 '네거티브 금리Negative Interest Rates'라고 한다. 외국 사람에게 설명해야 할 때에는 주의하기 바란다.

최근 수년간 일본의 주식 시장은 언뜻 견실하게 계속 움직이고 있는 듯 보이지만, 현재 채권 시장의 동향을 보면 이를 지탱해온 일본의 은행 체력이 마이너스 금리 정책 아래 약해졌으므로 겨우 은행을 지탱해온 환헤지형 외국채 투자조차 제대로 이루어지지 않고 있다.

나는 자본주의의 근간을 뒷받침하는 은행의 신용 창조가 제대로 기능하지 않고, 오히려 역회전하려는 기색을 보인다는 점에 위기감을 느낀다.

부디 독자 여러분은 이번 장 내용을 토대로, 지금부터 상승 시세용 포트폴리오에서 하락 국면에도 강한 포트폴리오로 전환하는 작업에 착수하기를 바란다.

제5장

금리_인플레이션과 금리의 관계로
시장이 움직인다

FRB는 무엇을 우려하나?

"우리는 버블을 경험했다. 주식이 아니다. 채권이다."

2017년, 앨런 그린스펀^Alan Greenspan 전 미국 연방준비제도이사회 ^FRB 의장이 위기감을 드러내어 당시 화제를 모았다. 채권 운용 경력 20년 차인 내가 보아도 이는 지극히 올바른 의견이었다고 생각한다. 세계 동시 금융 위기가 일어난 2008년 이래, 각국의 중앙은행이 실시해온 초금융 완화 정책으로 팽창한 돈이 미국 국채에 쏟아져 들어와 채권 가격이 급등(금리가 크게 저하)했다.

그린스펀 전 의장이 경고했던 2017년 미국의 장기 금리는 2퍼센트 전후로, 4~5퍼센트에서 움직였던 2008년 리먼 사태 이전의 약 절반에서 움직일 만큼 침체되어 있었다.

미국 경제가 정상으로 돌아오고 실업률이 떨어져서 체감 물가가 상승하기 시작하던 상황에서 이 2퍼센트라는 장기 금리는 극단적으로 낮은 수준이었다. 그 후 그린스펀 전 의장의 예언이 적중해 2018년 미국의 장기 금리는 점차 올라 3퍼센트를 넘게 되었다.

펀드 매니저의 일은 물가의 미래를 예측하는 것

인플레이션 혹은 물가 변동을 계속 예측할 수 있다면 자산을 운용해 막대한 부를 쌓을 수 있다.

자산 운용 업무 전문가인 펀드 매니저의 일은 전 세계 물가 변동을 예측하는 것이라고 해도 지나치지 않다. 물가의 움직임에 따라 국제 금융 시장은 물론 사회 또한 큰 영향을 받기 때문이다.

역사를 되짚어 보아도 사회는 물가 상황에 따라 크게 변화해 왔다.

일본의 에도 시대 말기에는 문호 개방으로 각종 물품이 세상에 유통되어 지속해서 물가가 폭등했다. 그리하여 각지에서 소란이 일어나 결국 막부 타도 운동으로 이어졌다. 이처럼 물가에 따른 사회 변동의 예를 들면 끝이 없다.

"예부터 국가의 동란은 인심의 동란에서 비롯된다고 했다. 인심의 난은 근본적으로 십중팔구 경제적으로 곤궁한 까닭에 일어나는 법이라고 들었다."

사쓰마번(현재의 규슈 가고시마현 전역과 미야자키현 남서부_역자 주) 제일의 명군으로 칭송받았던 시마즈 나리아키라島津斉彬(사쓰마번의 제11대 번주_역자 주)가 남긴 말은 실로 명언이다.

인플레이션에 크게 좌우되는 채권 시장

인플레이션이 사회에 영향을 끼치는 프로세스에는 몇 가지가 있는데, 우선 인플레이션의 동향이 직접 영향을 끼치는 곳은 채권 시장이다. 뒤에서 설명하겠지만, 시장에서 거래되는 채권의 가격은 대개 인플레이션 기대에 의해서 결정된다.

그리고 채권 시장은 주식 시장과는 비교가 되지 않을 만큼 대량의 자금이 오가는 시장이므로, 채권 시장이 흔들리면 전 세계 모든 금융 시장이 극심한 변동을 겪게 된다. 채권 시장이 흔들려 사회가 동요한 사례 중에 아직 기억에 생생한 사건으로는 2008년에 일어난 세계 동시 금융 위기가 있다.

당시에는 유럽 금융기관의 체력 저하를 위태롭게 여겨 금리 인하를 바라던 상황이었다. 그러나 애그플레이션^Agflation(농업을 의미하는 'Agriculture'와 물가 상승을 의미하는 'Inflation'을 합친 조어. 당시에는 농작물 가격이 폭등했다)을 염려한 유럽중앙은행^ECB이 금리를 인상하면서 채권 시장에 충격이 퍼져 나갔고, 3개월 후에는 유럽과 미국 금융기관이 줄줄이 도산했으며 이에 따른 영향이 전 세계에 연쇄적으로 퍼졌다.

인플레이션과 인플레이션의 영향을 받는 금리를 이해하는 일은 상당히 중요하다.

한편, 물가나 장기 금리가 점차 어떤 식으로 채권 시장에 편입될지, 바람직한 금리 수준이 어떻게 되는지는 세상에 그다지 알려지지 않은 듯하다. 하지만 찬찬히 들여다보면 이 결정 요인을 단순화할 수 있다.

장기 금리를 계산하기 위한 3가지 요소

장기 금리는 이론상 덧셈으로 계산할 수 있다.

장기 금리는 복수 요소로 이루어지는데, 그중 하나가 주로 중앙은행이 설정하는 정책 금리와 거의 연동하여 결정되는 '단기 금리'다.

은행이 기업 등에 해주는 2년 이하의 융자는 이 단기 금리와 연동하여 결정된다.

그리고 다른 하나는 '기대 인플레이션율'이다. 기대 인플레이션율은 소비자와 기업, 시장 관계자 등이 예상하는 미래의 물가 상승률을 의미한다.

단순히 말해 앞으로의 단기 금리를 모두 더해 연결한 것이 장

장기 금리는 덧셈으로 계산할 수 있다!

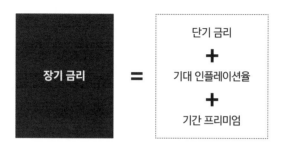

기 금리(이를테면, 3개월짜리 단기 금리 40개는 10년 금리)다. 그렇다면 앞으로의 단기 금리는 미래의 인플레이션율을 적절한 수준에서 움직이게 하려는 중앙은행의 뜻에 따라서 결정될 것이다.

그러므로 이 '기대 인플레이션율'은 장기 금리의 한 가지 결정 요인으로 간주할 수 있다.

그리고 마지막은 '기간 프리미엄'이다. '단기 금리'와 '기대 인플레이션율'을 합산한 단기 금리의 미래 전망에 대해, 자금을 장기간 묶어두는 위험에 걸맞은 할증금을 '기간 프리미엄'이라고 한다. 대표적인 위험으로는 대출 상대측의 여신 위험성을 나타내는 크레디트 리스크가 있다.

참고로 FRB에 따르면, FRB가 보유한 대량의 채권과 미국에서 유입된 자금 탓에, 2017년 3월 이후 이 '기간 프리미엄'에 상응하는 금리 요소가 마이너스에 머무는 이상 사태가 발생하면서 리스크 프리미엄 추이는 2018년 6월에 그 마이너스 폭이 1퍼센트를 넘었다.

과거 20년간의 평균이 플러스 1퍼센트를 유지하고 있었던 것과 비교했을 때, 채권 투자자의 투자 태도가 상당히 이완된 상황이었음을 알 수 있다.

앞에서 소개한 그린스펀 전 FRB 의장은 이러한 이론값을 사고의 한 기준으로 삼아 채권 버블 발언을 한 것이다. 참고로 그는 '모든 척도에서 보아 장기 금리가 지나치게 낮다'고 분명히 말했는데, 그러한 기준 중 중요한 사항을 소개하고자 한다.

그것은 물가를 금리와의 순환적 관계성으로 풀어내는 이론이다.

경기 순환은 4가지 주기로 파악한다

3장에서도 설명했듯이 경기는 순환한다.

'호황 → 버블 → 공황 → 불황'이라는 경기의 상승과 하락이 교대로 오는 네 가지 주기가 있는데, 이 순환이 어느 타이밍에

바뀔지 예상하는 것이 자산 운용의 핵심이다.

이 적절한 시기를 잴 때 상당히 유용한 방법은 물가와 금리의 조합이라는 관점에서 형성된 '네 가지 주기'를 보는 것이다. 이 물가와 금리에 따른 주기를 기억해두기만 해도, 경기 순환을 눈에 보이는 형태로 만들 수 있을 뿐 아니라 그 시기에 맞게 자산을 운용할 수 있다.

두말할 필요도 없이 이와 같은 주기를 알고 운용하는 경우와 그렇지 않은 경우 사이에는 미래의 자산 운용 실적에 커다란 차가 생긴다. 지금부터 설명할 내용은 단기 금리의 동향과 장기 금리의 동향이 조합된 경기 순환 상태다.

제1단계

인플레이션이 바닥을 침

단기 금리↑

장기 금리↑

단기 금리 상승 폭 < 장기 금리 상승 폭

주식↑

이 순환 과정의 제1단계는 경기가 회복되고 앞으로 점점 더 좋아져서 물가가 상승하리라고 생각되는 타이밍이다. 미래의 금융 정책을 살펴보면 금리 인상이 예측되므로 단기 금리와 장기 금리 모두 상승하지만, 장기 금리의 상승 폭이 점차 커지게 된다.

따라서 장단기 금리 차가 커지고 주식 시장도 상승한다. 주로 단기 금리로 예금을 맡아 장기간 융자해주는 상업 은행에서는 매매차익이 커지는 덕분에 은행의 체력이 강해진다. 그 결과 은행은 세상에 더 많은 돈을 대출해줌으로써 신용 창조가 이루어지고 경제가 좋아진다.

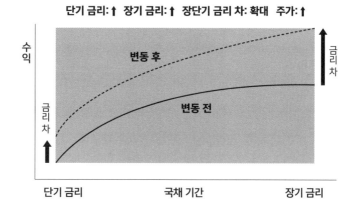

제2단계

인플레이션 상승

단기 금리↑

장기 금리↑

단기 금리 상승 폭＞장기 금리 상승 폭

주식↑

제2단계는 경기가 다소 과열된 상태로, 물가 상승이 뚜렷한 까닭에 중앙은행이 단기 금리를 점차 인상하는 국면이다. 이때 장기 금리도 상승하지만 경기 과열 상태로 느껴지는 현재와 비교했을 때 앞으로 더욱더 경기가 과열되기는 어려우리라 생각하는 사람이 증가하게 된다.

미래에 추가적인 금리 상승을 기대하기란 힘들어 보이므로 장기 금리는 단기 금리가 상승하는 것만큼 오르지 않는다. 따라서 장단기 금리 차는 점차 줄어든다.

'제1단계'와는 반대로 상업 은행의 매매차익이 작아지는 탓에 은행의 체력이 떨어진다. 그 결과 은행이 대출에 신중해져서 신용 창조가 원활히 이루어지지 않으므로 경제는 차츰 활기를 잃는다. 단, 기본적으로 경기는 좋기 때문에 이럴 때에는 지속성을 우려하면서도 주식 시장이 오름세로 움직인다.

단기 금리:↑ 장기 금리:↑ 장단기 금리 차: 축소 주가:↑

제3단계

인플레이션이 정점을 찍음

단기 금리↓

장기 금리↓

단기 금리 저하 폭<장기 금리 저하 폭

주식↓

제3단계는 경기가 정점을 찍어 앞으로 경기가 감속하고 물가가 침체하리라 전망되는 국면이다. 중앙은행이 이후 지속해서 금리를 인하하리라고 예상되므로 장기 금리가 단기 금리보다도 떨어지는 것이 이 시기의 특징이다.

따라서 장단기 금리 차가 축소되고 은행의 체력 또한 장기적으로 차츰 떨어지리라고 예상되기 때문에 주식 시장도 하락한다. 대개 장단기 금리 차가 역전하는 시기에 제3단계가 끝나고 다음의 제4단계가 찾아온다.

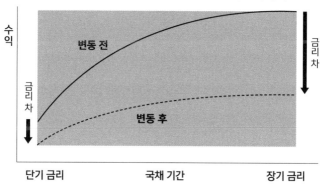

제4단계

인플레이션 저하

단기 금리↓

장기 금리↓

단기 금리 저하 폭>장기 금리 저하 폭

주식↓

제4단계는 경기 후퇴가 뚜렷해져서 물가의 급락이 이어지는 국면이다. 경기를 부양하여 공황 상태에 빠지지 않도록 중앙은행은 계속해서 단기 금리를 낮춘다.

이로써 이후 경기 악화가 진정되리라 예측되면서, 앞으로 금리가 지나치게 떨어지지는 않으리라는 전망에 장단기 금리 차가 확대된다. 참고로 중앙은행이 필사적으로 경기를 재건하고자 노력하는, 민·관 모두 막바지에 몰린 시기이므로 경기는 기본적으로 좋지 않다.

따라서 주식 시장이 회복될 기미도 아직 보이지 않기 때문에 이 시기에 어정쩡하게 주식을 사면 '싼 게 비지떡' 상태가 되고 만다. 폭락 국면에서 주식을 사는 것은 중요하나 이 '제4단계'는 수년간 지속하기도 하므로, 너무 서두르지 말고 주가의 반등을 확인한 후에 투자해도 절대 늦지 않다.

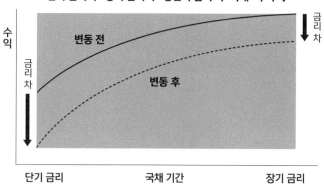

단기 금리:↓ 장기 금리:↓ 장단기 금리 차: 확대 주가:↓

수익

변동 전

금리 차

변동 후

금리 차

단기 금리   국채 기간   장기 금리

대폭락은 시장에 대한 낙관이 수정되었을 때 일어난다

또 장단기 금리 차가 극도로 적을 때나 역전했을 때에는 경험상 이후에 커다란 충격이 금융 시장을 강타할 가능성이 증가한다.

그 배경은 은행의 체력 약화다. 은행이 흔히 사용하는 안정적 수익 획득 방법으로 장단기 금리 차를 이용한 '캐리 트레이드Carry Trade'라는 운용 기법이 있다.

캐리 트레이드는 금리 차가 나지 않으면 사용할 수 없다는 특성이 있으므로 불황 때에는 은행이 평소에 손대지 않는 훨씬 위험도가 높은 다른 투자처에 손대기 쉽다. 따라서 이것이 때때로 부실 채권이 되는 사태가 지금까지 자주 일어났다.

캐리 트레이드의 구체적 예를 들면, 금리가 낮은 단기 예금으로 자금을 모으고 훨씬 금리가 높은 장기 국채를 사서 안정적으로 수익을 올리는 방법이 일반적이다.

이 방법이 제대로 수익을 내지 못할 때, 위험성이 높은 회사채나 외채 운용 등 은행원 입장에서 무리가 뒤따르는 운용에 점차 손을 대는(점차 위험 자산에 몰리는) 사례가 많아진다.

1980년대 후반부터 90년대 초기에 있었던 미국의 S&L(저축대부조합) 위기나 2001년의 IT 버블 붕괴, 2007년부터 2008년에 일어난 서브프라임 모기지론 사태가 초래한 세계 동시 금융 위기 등 장단기 금리 차가 역전한 후에 주식 시장이 폭락하는 사태는 종종 발생해왔다.

이 책을 집필할 때인 2018년에도 일본에서 장단기 금리 차가 극단적으로 축소되기 시작했는데, 나는 특히 금리 상승을 동반한다는 점이 우려된다. 역사를 되돌아보면, 과거 주식 시장이 폭락했을 때 절반 이상에서 금리 상승을 동반했기 때문이다.

대체로 경제의 미래에 대한 낙관이 수정될 때 발생했으며, 이후 중앙은행이 금리를 인상하여 갑자기 경기가 크게 후퇴하는 유형이 반 이상을 차지했다. 아직 기억에 생생한 리먼 사태 역시 발생하기 직전까지는 인플레이션을 우려해 유럽 중앙은행이 금리를 인상하는 등 금리 수정이 동반되었다.

금융 완화로 인플레이션율이나 금리가 극한까지 낮아지고 앞으로 장기 금리의 저하를 더는 전망하기 어려워졌을 때, 그때까지 퍼지던 낙관이 급속히 식으면서 주식 시장이나 채권 시장 등의 국제 금융 시장 전반이 폭락한다.

이처럼 금리의 하한 경직성이 발생하는 현상을 4장에서도 설명한 '유동성의 덫'이라고 한다. 채권 금리가 물가 변동과 비교해서 지나치게 낮을 때에는 기관 투자자가 미래에 채권 가격이 하락(금리 상승)할 것을 우려해 채권 구매를 주저하므로, 아무리 중앙은행이 금융 완화 정책을 취해도 채권 금리가 내려가지 않는다는 것을 의미한다.

이를 뚜렷하게 보여주는 사례가 바로 2018년 단계에서 미국이 실시하는 마이너스 금리 정책에 따른 장기 금리 저위低位 안정화 정책의 부작용이다.

마이너스 금리가 만들어내는 병폐란?

2016년 1월 29일, 일본은행은 일본 역사상 최초로 마이너스 금리 도입을 발표했다.

금융기관은 예금자에게 예금을 갚을 수 있도록 의무적으로 어느 정도의 돈을 중앙은행의 당좌예금에 예금해두어야만 한다. 금융기관이 중앙은행에 맡긴 이 돈의 금리를 마이너스로 함으로써, 금융기관이 자금을 중앙은행에 빌려주기보다는 기업에 대출하거나 투자하게끔 촉진하여 경제 활성화와 디플레이션 탈피를 꾀하려는 목적이 마이너스 금리 정책의 밑바탕에 있는 것이다.

일본은행은 이 정책의 파급 효과로 주택담보대출 금리가 떨어지고 방어적 가계 심리가 크게 개선되어 아파트 구매 등의 대형 소비가 늘어나리라고 기대했다.

그러나 당시의 주식 시장, 특히 일본의 은행 주가는 이 뉴스를 계기로 급격히 떨어졌다. 마이너스 금리 도입으로 '유동성의 덫'이 나타나 은행의 근간 업무가 흔들리리라고 예측되었기 때문이다.

마이너스 정책 아래에서 대출 금리가 점점 떨어지면 시중 상업 은행은 주요 수익원인 은행 여신에서 높은 수익을 기대하기가 어려워진다.

따라서 예금이 모이면 모일수록 예금 금리를 웃도는 수익을 올리기가 어려워져 은행은 고통스러운 경영을 강요받는다.

즉 은행에 수익을 가져다주는 마법의 지팡이인 신용 창조가 이루어지지 않으면서, 본래 신용 창조 기관인 은행에 생명의 양식과도 같은 고객의 예금을 환영하지 않는 은행이 증가하는 것이다. 그리고 수입을 올리기 위해서 어쩔 수 없이 위험을 무시하고 외국채 운용 등 눈앞의 이익을 가져다주는 금융상품에 투자하는 일에 점점 더 매진하게 된다.

제1차 세계대전 후 독일을 덮친 인플레이션

앞에서 설명한 네 가지 주기의 순환만으로는 설명하기 어려운 예외적 시기에 관해서도 설명해두겠다.

역사를 되짚어 보면, 주기의 순환으로 금리가 상승 또는 하락하지 않고 계속해서 한 방향으로 움직이는 상황이 있다. 이러한 시기에는 예외 없이 중앙은행이 대규모로 금융을 조작했다.

그 결과 심각한 부작용이 금리 시장에 축적되었고 이후 사회에 심각한 타격을 주는 초인플레이션 등의 물가 대변동이 나타났다. 미국의 경제학자 필립 케이건[Philip Cagan]은 '물가가 매달 50퍼센트 넘게 상승'하는 상황을 초인플레이션이라고 정의했다. 만일 이와 같은 상황이 일 년간 이어진다면 물가는 130배로 상승하게 된다.

서두에서 그린스펀 FRB 전 의장은 이처럼 제어하기 힘든 물가 급등이 찾아올 가능성을 우려했던 것이다. 이처럼 제어 불가능한 물가 상승 사례로는 제1차 세계대전 후 독일 바이마르 공화국에서 1년간 물가가 무려 1조 배로 상승한 초인플레이션이 유명하다. 당시의 바이마르 공화국에서는 중앙은행이 현재의 일본과 마찬가지로 금융 완화 정책을 채택해 인위적으로 금융을 크게 조작했다.

당시 제1차 세계대전에서 패배한 독일은 초인플레이션에 빠졌다. 초인플레이션이란 물품 가격이 급격히 상승하는 현상이다. 하지만 거꾸로 생각하면 통화 가치가 하락하고 있음을 의미하는데, 이를 알아차린 사람은 뜻밖에도 그리 많지 않았다.

'식품 가격이 점점 오른다!'라며 화를 내는 사람일수록 대개 지폐의 가치가 하락했다는 사실에는 주목하지 않는다. 이러한 착각을 경제 용어로 '화폐착각^{Money Illusion}'이라고 한다. 통화 가치가 하락할 때는 필요 이상의 지폐가 시중에 유통되고 있는 것이다.

당시 독일은 막대한 배상금을 부담해야 했는데, 프랑스가 독일 최대 공업 지역인 루르 지방을 점령한 탓에 이미 인플레이션 조짐이 있었다. 독일에 외화를 가져다주는 루르 지방을 잃음으로써 배상금을 지급할 길이 끊어져 버린 독일은 이러지도 저러지도 못하는 상황에 빠졌다. 그리하여 독일 정보는 루르 지방의 반환을 위해서라는 대의명분 아래 화폐량을 늘려서 채무 이행에 대응하려 했다.

화폐의 가치가 낮다면 그만큼 많이 인쇄하면 된다는 이론에 따른 것이다. 그러나 이는 잘못된 방법이었다. 화폐가 필요 이상으로 늘어난 탓에 화폐 가치는 더 떨어졌고, 이를 만회하기 위해 정부는 계속해서 화폐를 발행했다. 그 결과 또다시 화폐 가치가 떨어진다는 악순환에 빠지고 말았다.

이런 식으로 정부가 화폐를 남발하자 터무니없을 만큼 대량의 화폐가 유통되었고, 이에 따라 화폐 가치도 점점 떨어져 초인플레이션이라는 감당하기 힘든 사태를 맞았다.

독일 국민은 상당히 비참한 생활을 하면서도 어쩔 수 없다고 단념했다. 그 배경으로 어차피 이 가치 없는 지폐는 배상금으

로 외국에 건너갈 뿐이라며, 정부와 중앙은행에 도덕적 해이^{Moral}
^{Hazard}를 허용한 현실이 있었다.

즉 독일의 인플레이션은 단순히 시중에 화폐가 지나치게 많이 유통되어 일어났을 뿐이므로, 화폐량을 줄이기만 하면 인플레이션이 해결된다. 이러한 까닭에 초인플레이션이라는 현상이 일어날지를 파악할 때에는 사회의 도덕적 해이가 매우 중요한 요소라 할 수 있다.

반대로 국민이 합의하지 않으면 초인플레이션은 일어나지 않는다.

한 예로, 독재자를 탄생시킬 정도로 폭넓은 국민적 합의는 중앙은행이 통화의 추가 발행이라는 강권을 쉽게 발동하게끔 한다. 독재자가 있는 국가에서 종종 초인플레이션이 일어나는 배경에는 이러한 도덕적 해이가 깔려 있다.

다시 돌아와서, 독일 사회의 혼란이 극한까지 치닫자 배상금 자체를 면제하려는 국제적 분위기가 조성되었고, 결국 독일은 배상금을 대폭 면제받는다. 그 후 초인플레이션에 대한 독일 국민적 합의가 희미해져 도덕적 해이를 회복하자 그다음으로 독일

은 렌텐마르크를 발행하여 디노미네이션^{Denomination}(화폐 가치는 그
대로 두고 화폐 액면 단위를 낮추는 것_역자 주)을 단행했다.

새로운 화폐 렌텐마르크는 '1렌텐마르크=1조 파피어마르크
(구 마르크)'의 비율로 교환되었다. 게다가 렌텐마르크는 발행량
이 제한되었기에 화폐량이 급격히 감소했다.

렌텐마르크는 어디까지나 과도기 때 발행된 화폐였으므로, 사
회가 점차 안정을 되찾자 이번에는 새로운 화폐 라이히스마르크
가 발행되었다. '1라이히스마르크=1렌텐마르크'로 교환되었는
데, 렌텐마르크에서 라이히스마르크로의 교환은 상당히 더디게
진행되었다.

이미 구 마르크에서 렌텐마르크로 교환된 시점에서 화폐량이
줄어 경제가 안정되기 시작했으므로 독일은 초인플레이션에서
기적적으로 회복했다. 이를 '렌텐마르크의 기적'이라고 한다.

그러나 물가가 임금보다 큰 폭으로 상승하여 노동 의욕이 극단
적으로 떨어지는 등 민심이 심하게 황폐해졌고, 정부에 대한 신
뢰가 크게 떨어짐으로써 훗날 히틀러가 등장하는 토대가 되었다.

장기 금리의 큰 변동은 경제에 악영향을 준다

초인플레이션은 특별한 사례지만, 일반적으로 국채의 장기 금리는 너무 크게 오르내리면 안 된다고 여긴다. 회사채로 대표되는 기업의 차입 금리를 설정할 때 장기 금리를 참조하므로, 기업의 장기 설비 투자 동향에 장기 금리가 커다란 영향을 끼치기 때문이다.

차입 금리가 심하게 요동친다면 경영인이 공장을 세울 때에도 설비에 선뜻 투자하지 못할 것이다.

따라서 장기 금리의 안정적 변화 자체는 경제에 플러스가 된다. 그러므로 장기 금리에 막대한 영향을 끼치는 장기 국채의 발행 동향은 국가가 신중히 결정해야 한다.

그리고 중앙은행 또한 장기 국채 금리에는 과도하게 개입하지 말아야 하며, 어느 정도는 시장의 움직임에 맡기고 가격 변동의 마그마나 여파를 평소에 남기지 않도록 노력해야 한다.

그러나 오늘날 미국과 일본의 정부와 중앙은행은 이러한 이론을 무시하고 최근 10년간 장기 채권 시장에서 상당히 대규모 인적 조작을 시행해왔다. 그 탓에 심각한 부작용과 가격 변동의 마그마가 시장에 축적되고 있다.

중앙은행이 독립되어 있는지를 확인하라

역사를 되짚어 보아도 정부의 의향을 지나치게 따른 나머지 금리를 인상해야 할 때 인상하지 못하는 등 경제 실태를 무시하고 필요 이상으로 화폐를 인쇄하는 나라는 대부분 물가를 제어하지 못하게 되어 점차 쇠퇴하고 말았다.

조금 전 설명했던 바이마르 공화국에서 일어났던 인플레이션도 위의 사례에 해당한다.

참고로 나는 트럼프 정권의 탄생 또한 어떤 의미에서는 미국국민의 도덕적 해이가 나타난 것으로 본다.

트럼프 정권은 스스로 노력해 좋은 제품을 만듦으로써 무역적자를 개선하기보다는 자국 통화인 미국 달러의 가치를 내려 미국 국내 시장에서 해외 세력을 몰아내려 하고 있다. 나는 이를 트럼프 정권에게 허용한 근본 원인이 미국 국민 안에 있는 도덕적 해이라고 생각한다.

트럼프 정권은 재원이 없는데도 세율을 낮추고 군비를 확장하며 멕시코와의 국경에 장벽을 세우겠다고 말하고 있다. 게다가그 자금을 미국 국채의 추가 발행으로 마련하려고 한다. 이러한까닭으로 2017년 말부터 미국의 장기 금리가 계속해서 급속도로 상승하고 있다. 이는 타국의 입장에서도 남의 일이 아니다.

2018년 단계에서 미국 국채의 발행 잔액은 금융 위기 대책이나 사회 보장비 증가의 영향으로, 위기 전의 6조 달러대에서 무려 15조 달러(약 1.75경 원) 이상으로 부풀어 올랐다. 재원이 뒷받침되지 않는데도 군비를 늘리고 대폭으로 감세하는 등 트럼프 정권이 추진하는 무절제한 재정 정책은 국채의 증액 발행으로 이어지기 시작했고, 장기 금리의 저위 안정에는 점차 지속성이 결여되고 있다.

실제로 2018년에 접어든 무렵부터 채권 버블이라는 이상 사태가 해소되는 방향으로 움직이고 있어서 전년 말부터 이듬해 봄까지 미국 장기 금리가 반전 상승했으며, 봄에는 3퍼센트대까지 오르기도 했다.

미국의 장기 금리 상승이 다른 나라의 금융기관을 좀먹는다

미국의 장기 금리가 상승하면 그 악영향은 다양한 경로로 퍼져 나간다.

미국 국채의 총 발행액 15조 달러 중 FRB를 제외한 미국 세력이 7조 달러 이상을 보유한 최대 투자자라고는 해도, 나머지 40퍼센트에 해당하는 6조 달러는 미국 외 투자자가 보유하고 있다. 일본이나 중국 등 각국의 공적 부문이 가진 부분은 4조 달러 정도로 거액이다.

일본의 경우도 남의 일이 아닌 것이, 미국 국채의 가치가 떨어지면 일본의 지방 은행 등 미국 외 민간 부분이 상당히 큰 영향을 받게 된다.

보유 중인 미국 국채가 급락하면 시가 회계 규정으로 손실 계상을 압박받기도 하여 경영 문제가 되기 때문이다. 미국 재무부에 따르면 미국 외 민간 부문의 미국 국채 보유액은 1.8조 달러다. 2017년도 말부터 2018년도까지 급속히 상승한 금리는 금융기관의 경영을 더욱더 압박할 것이다.

일본 금융청도 위험을 인식했지만, 일본 내 장기 금리가 제로 부근에 고정되어 있고 단기 금리 또한 마이너스인 현재 상황을 고려하여 일본의 금융기관은 여전히 미국 국채를 사들이고 있다.

이러한 까닭에 금리가 상승하기 시작한 무렵부터 지방 은행이 미국 국채 등 해외 채권 운용에서 손실을 키우고 있는 상황을 문제시하기 시작했다. 2018년 3월기 결산에서 일본의 105개 지방은행의 채권 운용 수익은 적자였다. 이는 리먼 사태가 지방 은행을 덮친 2009년 3월기 이래의 일로, 채권 운용에 실패하는 바람에 은행의 본래 업무인 융자 등으로 얻은 통기 순이익이 통째로 날아가 버린 은행도 있었다.

더 나아가 미국 국채의 가격이 내려가고 금리가 급등하는 과정을 견디지 못해 소수의 금융기관이 채권을 손절매해야 할 상황에 몰리게 된다면, 이 손절매가 금리의 더 큰 상승을 초래하리라는 우려가 나오고 있다.

매매가 금융기관 등의 특정 투자자에 편중된 만큼, 비슷하게 투자하기 쉽다는 시장의 특성이 있기 때문에 연쇄 반응처럼 대량의 채권을 시장에 내놓는 악순환이 일어날지도 모른다. 게다가 헤지 목적으로 다른 채권 역시 팔리게 되므로 일본의 장기 금리 상승 등에 영향을 미칠 가능성도 커진다.

실제로 리먼 사태 후에는 금융기관이 미국 국채로 입은 손실을 메우고자 주식이나 다른 채권을 팔아서 미실현 이익을 토해내는 악순환이 펼쳐졌다. 미국 국채 버블이 붕괴했을 때, 그 부정적 충격에 어떻게 대처할지가 현재 국제 금융 시장이 직면한 최대 과제다.

일본 시즈오카현에 거점을 둔 스루가은행은 은행 주가가 폭락해 2018년 봄의 시가 총액이 2017년 말과 비교했을 때 거의 절반밖에 되지 않았다. 셰어하우스 투자 문제를 두고 융자 서류를 조직적으로 위조하는 등 부정 융자를 한 사실이 밝혀지면서 부실 채권이 증가한 까닭이다. 나는 이 사건을 제로 금리 정책의 병폐가 겉으로 드러난 사례라고 생각한다.

4장에서도 설명했듯이 제로 금리 정책 아래에서는 이론적으로 현금에 대한 수요가 무한대가 된다. 플러스 금리일 때에는 사람들이 현금을 예금하고 이 현금을 은행이 기업에 대출해줌으로써 기업의 설비 투자 등으로 자금이 배분된다. 그 결과, 직간접적으로 시장에 플러스 수익을 가져다준다는 흐름이 생성된다. 그러나 제로 금리일 때에는 자금이 생산 증가에 도움이 되지 않는 화폐의 형태로 보유된다. 그리고 돈을 맡는 은행 측 또한 적당한 위험에 걸맞은 운용처가 없다는 난처한 상황에 직면한다.

그렇다고 해서 예금을 줄일 수도 없다. 은행의 사활 문제로 이어지기 때문이다. 신용 창조의 역회전으로 대출 회수를 하면 사회적으로 비난을 받으리라는 사실을 쉽게 상상할 수 있으므로 이러한 상황만은 피하고 싶은 것이다.

예금자와 은행 모두 속내를 말하면 예금을 꺼리게 되므로, 여신 위험을 조절하면서 위험에 걸맞은 이익을 창출한다는 본래의 은행 경영이 극히 난처한 상황에 직면하는 셈이다.

역사로 생각하는 마이너스 금리 세계의 미래

앞으로 마이너스 금리 세계에서는 대체 어떤 일이 벌어질까?

나는 거의 틀림없이 일본의 은행은 서서히 체력이 떨어져 스루가은행처럼 본업 이익의 침체로부터 생겨난 손실을 메우려 무리하게 예금을 모집하거나 대출해주는 쪽으로 움직이게 되리라고 생각한다.

위의 사례에 관한 역사상 사례로는 일본에서 1995년 일어난 기즈신용조합의 파산 소동을 꼽을 수 있다.

기즈신용조합은 1953년에 오사카 나니와구에서 설립되었다. 애초 거래업자들로부터 착실하게 신용을 쌓아온 기즈신용조합이지만, 1970년에 어떤 커다란 전환기를 맞는다. 유력한 거래처였던 설탕 도매회사가 도산한 탓에 예금량이 22억 엔에 불과한 기즈신용조합에서 대부금 3억 엔을 회수하지 못하게 된 것이다.

이때 해결책으로 예금의 대량 획득 작전을 도입하였는데, 이후 예금이 배로 늘어나면서 기즈신용조합의 유동성 부족 문제는 단번에 해소되었다. 이 사건으로 부실 채권이 있어도 예금을 늘리면 극복할 수 있다는 자신감을 가지게 된 기즈신용조합은 이후에도 계속해서 예금 획득에 힘썼고, 그 결과 1988년에는 오사카 내 최대인 2,200억 엔의 예금량을 기록했다.

이 예금 획득의 주요 수단은 '소개 예금'이라는 방법이었다. 대형 은행이 거래처 기업에 기업 어음^{Commercial Paper}을 발행하게 하고, 발행으로 얻은 자금을 기즈신용조합에 소개하는 형태로 예금하게끔 하는 방법이다.

기업 어음이란 기업이 단기 자금을 조달하기 위해 공개 시장에서 할인 형식으로 발행하는 무담보 약속어음이다. 기업은 매매차익을 벌 수 있고, 대형 은행은 기업 어음의 발행 인수 수수료를 받을 수 있다. 기즈신용조합은 착실하게 예금을 모으는 수고를 덜면서 거액의 예금을 획득할 수 있었다.

이렇게 고금리로 자금을 모은 기즈신용조합은 점차 부동산 융자에 빠져들었다. 버블기 때 높은 금리 수입이 예상되는 부동산 융자를 우량한 대출처라고 여겼던 것이다.

그런데 1990년 무렵부터 버블 경제가 무너져 갔다. 그 결과 부동산 융자에 치우쳐 있던 기즈신용조합에 신용 불안이 생겨나면서 예금이 대량으로 유출되었다. 초기 단계 때에는 예금의 대량인출사태[Bank Run]라기보다 버블 말기에 부풀어 오른 소개 예금의 정리, 해소라는 형태로 시작되었다.

대형 은행이 소개 예금을 서둘러 철수했고, 더욱이 대장성大蔵省 (한국의 재정경제부에 해당_역자 주)에서 고액 예금을 일부 삭감한다는 이야기까지 나오자 단숨에 예금의 대량인출사태로 발전했다.

예금 획득 지상주의 풍조를 추진함으로써 분수에 맞지 않는 예금을 모아 무리하게 운용한 것이 화근이었다. 버블 경기가 시작되면서 금융기관의 도덕심이 융자 기준 완화와 함께 붕괴했고, 버블 붕괴로 이러한 상황이 명확해졌다.

기즈신용조합은 결국 파산했고, 이때 기즈신용조합의 부실 채권이 1조 엔 이상이라는 사실이 드러났다. 그 후 기즈신용조합에 대한 의구심이 꼬리에 꼬리를 물고 이어지면서 예금의 대량인출사태가 도시 은행, 장기 신용 은행에까지 퍼져 나갔다. 이리하여 자금을 융통하려 대출 회수에 나선 은행이 잇따르면서, 헤이세이 불황과 그 후에 이어지는 잃어버린 20년이라는 장기 경기 후퇴가 일본을 덮쳤다.

나에게는 마이너스 금리 세계의 미래가 약 30년 전 무리한 운용 탓에 헤이세이 불황의 계기가 되었던 기즈신용조합 사건과 겹쳐 보인다.

스루가은행 문제도 그렇고, 국제 금융 정보에 정통한 인재나 거래를 담당할 조직이 정비되지 않았는데도 외채 투자에만 편중하는 지방 은행과 그 투자 채권의 손실 가능성 확대도 그렇고, 지금 무리한 대부에서 비롯된 도덕적 해이가 사회 문제로 떠오를 징조가 나타나고 있다고 본다.

인플레이션이라는 관점에서는 도덕적 해이가 사회에서 일어나는지, 특히 사회에 폭넓은 영향을 미치는 은행 경영에서 일어나는지를 추측하는 일이 매우 중요하다.

만일 도덕적 해이가 광범위하게 일어나고 있다면, 금융 공황 그리고 연이어 은행의 대출 회수 사태가 일어날지도 모른다.

헤이세이 불황 때에는 은행에 자본을 투입하는 형태로 정부가 은행의 빚을 대신 갚아줌으로써 혼란을 수습했다. 그러나 그 후유증으로 재정 적자가 늘어나 국가 체력이 바닥나버린 지금은 똑같은 금융 공황이 일어났을 때 이 빚을 대신 갚아줄 주체가 없다.

즉 다음에 일본에서 금융 공황이 일어난다면, 모든 일본 국민이 그 부담을 직접 져야 한다. 상업 은행을 구조할 힘이 없는 중앙은행에 대한 불신이 퍼지고 이를 계기로 국가의 위신이 저하될 것이다. 나는 곧이어 인플레이션이 일어나고 큰 폭으로 엔화 가치가 떨어지면서, 심지어 일본 국민 전체가 고통을 맛보게 될 가능성도 충분하다고 생각한다.

참고로 세계 최대 채권국인 일본에는 해외 채권을 밑지고 팔면서 상황을 극복한다는 선택지도 있다. 하지만 그 채권의 주요 투자처인 미국에서 점차 도덕적 해이가 일어나고 있는 상황이 무엇보다 일본을 난처하게 한다.

높은 인플레이션율과 마이너스 금리가 공존하는 세계는 언뜻 비정상적으로 보이나, 도덕적 해이라는 키워드로 보았을 때 동전의 양면 같은 관계에서 서로 간에 작용하는 지극히 합리적 세상이라고도 할 수 있다.

낮은 금리 때문에 금리가 높은 국가 또는 회사로 자금이 흘러가므로, 노력하지 않아도 자금을 모을 수 있다. 따라서 이러한 기업이나 국가에서는 무절제한 경영이 이어지고, 결국 양쪽 모두 상처 부위가 커진다.

앞으로는 4장에서 소개한 방법을 포함해 자산을 지키는 일이 더욱더 중요해질 듯하다.

제6장

암호통화_역사에서 암호통화의 미래가 보인다

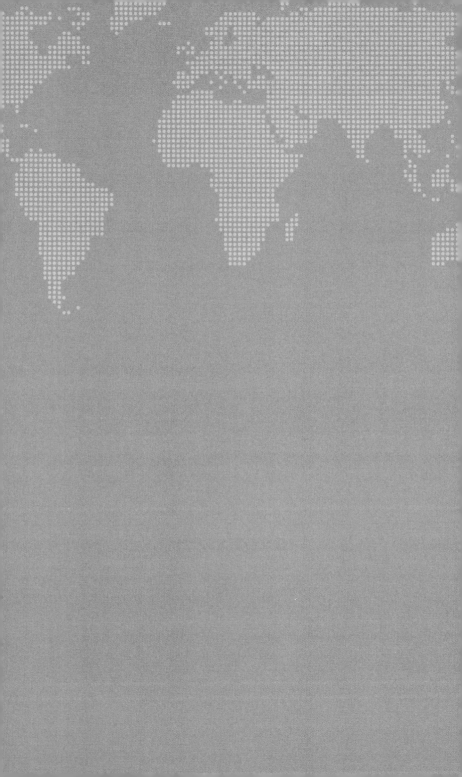

일찍이 중국에서 암호통화 수요가 높아진 이유

1장에서는 지폐 탄생의 역사를 설명했다. 이번 장에서는 그 연장선에 있는 암호통화의 미래를 설명할 텐데, 본격적으로 설명하기에 앞서 우선 미국의 금리 상승과 중국에서 일찍부터 암호통화 수요가 높아진 이유에 관한 이야기로 이번 장을 시작하고자 한다.

2017년 5월부터 6월까지 중국 위안화의 익일물 단기 금리가 폭등해 40퍼센트를 넘는 상황이 벌어졌다. 해외로 자본이 유출된 탓에 단기 금리가 폭등했는데, 중국에서 유출된 자금은 태평양을 건너 미국으로 향했다.

당시부터 미국의 페더럴펀드 금리$^{FF\ Rate}$라 불리는 정책 금리는 단계적으로 인상되고 있었고, 더군다나 2017년 6월 미국 연방공개시장위원회^{FOMC}에서 약 9년간 이어진 미국의 양적 금융 완화 정책을 사실상 종료하기로 했다.

양적 금융 완화 정책이란 중앙은행이 정책 금리를 올리거나 내리는 대신에 돈의 양 그 자체를 늘리거나 줄임으로써 경기에 영향을 주려는 사고를 바탕으로 운영되는 방책이다.

구체적으로는 민간 은행의 당좌 예금 계좌 잔액을 중앙은행이 조절함으로써, 시장에 통화 공급량을 늘리는 정책이다.

그 과정을 살펴보면, 우선 중앙은행이 민간 금융기관에서 국채나 어음을 매수하고 그 액수만큼 중앙은행에 있는 은행 당좌 예금의 잔액을 늘린다. 그리고 이 예금 잔액에 비례한 금액을 민간 금융기관이 기업에 융자하거나 당좌 예금 그 자체를 금융 시장에서 운용하도록 촉진하여 결과적으로 시장에 나도는 통화량의 증가를 꾀한다.

일본 역시 2001년 3월에 양적 금융 완화 정책을 도입한 이래 오늘날에 이르고 있는데, 미국에서는 2008년 11월에 도입되었다.

이 양적 금융 완화를 미국이 단계적으로 정지한다는 것은 중앙은행이 시중에서 미국 채권을 사고 그 대신에 점차 달러를 푼다는, 여태까지의 양적 완화 세계에서는 일상적으로 볼 수 있던 달러의 공급량이 줄어든다는 것을 뜻한다.

전 세계에서 달러 공급이 점차 줄어 달러를 조달하기가 어려워지는 것이다.

2017년 여름에 1.25퍼센트에서 움직였던 FF 금리가 노동 환경과 물가 환경으로 산출하는 이론값으로는 5퍼센트를 넘게 되었다. 미국에서는 노동시장의 개선과 더불어 앞으로 일어날지도 모를 인플레이션의 가속화에 대응하여 금리 정상화를 꾀할 것으로 보인다.

이와 같은 외부 환경에 의해서, 홍콩 달러처럼 미국 달러와 연동해 움직이도록 설정된 고정환율제 아래에 있는 통화는 미국이 금융 정책을 긴축으로 전환할 경우 약해지는 경향이 있다.

또 중국의 위안화는 이미 페그제(특정 국가의 통화에 자국 통화의 환율을 고정하는 제도_역자 주)에서 벗어나긴 했지만, 완전자유변동환율제로 이행한 것은 아니고 일정 범위에서 움직이는 통화로서 위안화 또한 홍콩 달러처럼 미국이 금리를 인상할수록 약해지는 경향이 있다.

결국 달러 페그제를 채택한 국가 또는 대미국 달러로 완전자유변동환율제를 채택하지 않은 국가의 통화는 자동으로 미국의 금리에 맞춰서 정책 금리를 올려야만 한다. 중국이나 홍콩의 경기가 나빠지든 아랑곳하지 않고 금리가 자동으로 인상되는 구조인 것이다.

따라서 시장 참가자들은 중국이나 홍콩의 경기가 악화하리라고 예상하여 통화를 매각하므로, 유출되는 자본의 규모가 점차 커진다.

이와 같은 불안을 잠재우는 목적에서라도 당국은 자본 유출에 동반되는 환율 변동을 완화하여 달러화 대비 고정환율의 범위 내에서 통화 가치를 유지하기 위해 개입해야만 한다.

그런데 이 달러 매도 개입의 원자原資인 중국이 보유하는 달러의 외화보유액이 계속해서 곤두박질치는 상황은 중국 위안화나 홍콩 달러를 보유한 사람에게 큰 문제였다.

미국 본국에서 공급되는 달러가 줄어 달러 차입 비용이 상승하고, 이에 따라 상대적으로 달러 가치가 점차 상승한다. 한편, 달러화 대비 고정환율제인 홍콩에서는 홍콩 달러의 가치를 안정시키기 위해서 미국 달러 매도에 개입해야만 하므로, 홍콩이나 중국 당국이 보유하는 미국 달러 매도의 원자인 외화보유액에 시장이 주목하게 되는 것이다.

외화보유액에 예전만큼 여유가 많지 않은 중국 통화 당국 입장에서는 어쩔 수 없이 실탄인 미국 달러를 만일의 사태를 대비하여 보유하고 싶어 하는 법이다.

중국은 미국 달러를 보유하면서, 대신에 은행끼리 위안화를 빌리고 빌려주는 단기 금융 시장에서 그때마다 필요한 위안화를 중국 인민은행이 일부러 시장에 공급하지 않고 사실상의 금리 인상 효과를 단기 금융 시장에 가져다줌으로써, 환율에 대한 시장 개입을 단행했다. 단기 금리가 40퍼센트대까지 상승한 데에는 이러한 사정이 있었다.

이 같은 힘겨운 중국의 상황을 꿰뚫어 보았다는 듯이, 미국의 신용평가회사 무디스 인베스터스 서비스는 2017년 5월 중국의 등급을 'Aa3'에서 'A1'으로 떨어뜨렸다.

무디스가 채권 증가와 경제 성장 둔화로 중국의 금융·재정력이 약화하리라고 전망하자, 그 영향으로 당황하는 시장 참가자가 나오기 시작했다. 참고로 무디스가 중국의 등급을 낮춘 것은 1989년 이래의 일로, 뒤이어 홍콩의 등급 또한 떨어졌다.

중국이 이러한 국내의 단기 금융 시장에서 금융 긴축이나 달러 매입에 개입하기를 멈추면, 위안화는 확실히 폭락한다.

실제로 중국에서는 중국 당국의 능력을 신용하지 않고, 위안화를 이른 시기에 처리하여 외화를 보유하려는 부유층이 늘어났다.

이제야 드디어 암호통화 이야기를 할 수 있다. 암호통화 수요는 대부분 중국인 부유층에서 생겨났다. 실제로 2016년까지는 중국이 암호통화, 특히 비트코인 거래의 중심이었는데 여기에는 그럴 만한 사정이 있었다. 중국에서는 개인이 환전할 수 있는 외화 상한액이 연간 5만 달러로 제한되어 있지만, 암호통화는 그 대상에 포함되지 않기 때문에 앞으로 위안화의 가치가 떨어지리라고 예상한 중국 부유층이 자산을 지키기 위한 외화 보유의 대체 방안으로 암호통화를 대량 구매한 것이다.

금괴 도난 사건과 비트코인의 관계

그런데 2017년 중국 정부가 암호통화의 거래를 규제하기 시작했다. 자국 내 암호통화 거래소에서 갑자기 비트코인 인출을 정지한 것이다. 비트코인을 매개로 하여 중국 금융 당국이 봐주기 어려울 만큼 대규모로 자본이 유출된 탓이었다.

그 후 중국에서는 비트코인 거래가 급감했다.

그러나 자본을 빼내려는 사람이 사라진 것은 아니었다.

2017년 일본의 규슈 하카타에서는 금괴 도난 사건이 잇따랐는데, 이 사건이 일어난 배경에는 위와 같은 사정이 있었다. 이사건에 등장하는 금괴는 중국에서 건너온 것으로, 출처가 불분명한 위안화가 홍콩에서 금괴로 바뀌어 일본으로 밀수된 것이었다. 이와 같은 소재가 불분명한 금괴는 도난당해도 좀처럼 경찰에 신고하지 못하므로, 범죄자에게는 최적의 목표물이 된다.

훗날 위안화가 절하될 가능성을 민감하게 받아들인 중국인들이 이처럼 비트코인 거래 이외의 온갖 수단을 동원하여 자본 유출을 꾀하고 있는 것이 중국의 현재 상황이다.

비트코인은 세계화한 현대의 '금화'

중국에서는 금지되었지만 큰 액수를 순식간에 그리고 싸게 익명으로 해외에 반출할 수 있는 암호통화가 얼마나 매력적인 수단인지는 이해했으리라 생각한다.

그런데 이 대목에서 기시감을 느끼는 사람이 있을지 모른다.

그렇다. 존 로 때 프랑스에서 일어났던 일과 완전히 똑같은 상황이 벌어지고 있는 것이다.

당시 뱅크 로열에 대한 불신감이 높아지자 곳곳에서 지폐를 주화로 교환하여 집에 보관해두려는 움직임이 여럿 나타났다. 심지어 금화와 은화를 건초나 소똥으로 덮은 다음 농민으로 변장해 벨기에로 도주한 사람도 있었다.

이처럼 자금이 국외로 유출되거나 국내 가정에 쌓이게 되면서, 프랑스에서는 통화 공급량이 급감하기 시작했다. 존 로는 지폐의 가치를 주화 대비로 절상하여 민중의 불안을 없애려 노력했지만, 반대로 많은 사람이 이를 이용하여 지폐를 주화로 교환해 갔다.

현재의 중국 위안화를 18세기 당시의 프랑스 지폐에 비유한다면, 암호통화인 비트코인은 금괴에 해당하는 셈이다.

또 사실을 말하면, 암호통화의 일등주자로 꼽히는 비트코인의 발행 총량에는 상한이 있다.

발행이 제한되어 있으므로 희소성이 높고 안전한 형태로 익명성을 가지면서 보유할 수 있는 암호통화, 즉 비트코인은 세계화한 현대 사회에서 금화와 동등한 존재다.

금화처럼 어느 나라에서나 통용되는 통화에는 정부 권력조차 미치지 못하는 힘이 숨겨져 있다. 정부가 억지로 유지하고자 노력하는 경제적 비합리성을 간단히 파괴하는 힘을 지니고 있는 것이다.

비트코인의 가장 큰 특징 '효율적 결제'

손쉽게 국경을 넘을 뿐 아니라 익명으로 자금을 주고받을 수 있는 암호통화 자체가 범죄를 뒷받침하는 커다란 동력원이 되었음은 분명한 사실이다.

여러 나라의 국경을 넘은 자본을 안전하고도 확실하게 익명으로 옮길 수 있는 수단이 있을 때 막대한 거래 수요가 생겨나는 곳은 어디일까? 그곳은 바로 규제망을 재빨리 빠져나가 돈을 세탁해야만 하는 지하세계다.

그러나 나는 암호통화의 미래를 부정한다는 말을 하려는 것이 아니다. 이처럼 어쩐지 수상쩍은 수요가 암호통화를 뒷받침하고 있지만, 그 수상함 자체가 비트코인을 형성하지는 않는다는 말도 덧붙이고 싶다. 흡사 뺑소니 사건에서 자동차에는 죄가 없는 것과 같다.

시대를 앞서 세상에 나온 비트코인은 그만큼 획기적인 도구다. 즉 비트코인은 국가조차 관리할 수 없는 완벽한 결제 수단을 가지고 있다. 전 세계 많은 사람이 비트코인에서 사회 변혁을 가져올 가능성을 찾아내는 이유는 비트코인의 바로 이 같은 특성 때문이다.

암호통화를 뒷받침하는 기술 '블록체인'

반복해서 말하지만 비트코인으로 대표되는 암호통화의 핵심은 결제 수단으로 쓰인다는 데 있다. 그리고 이 비트코인, 즉 암호통화의 핵심인 결제 수단을 뒷받침하는 것이 바로 블록체인이라 불리는 데이터 관리 기술이다.

블록이란 장부의 한 페이지를 말하며, 체인은 그 계좌 장부가 계속해서 기록된다는 의미다. 2009년 비트코인이 탄생한 이래, 비트코인의 모든 거래가 장부에 기록되었고 누구나 그 장부를 볼 수 있다.

이 장부는 개인의 이메일 주소 같은 계좌에 연결되어 있으므로, 한 사람이 무수히 많은 장부를 가질 수 있다. 자금을 세탁해야만 하는 범죄자가 빌붙을 비트코인의 높은 익명성은 바로 여기에서 비롯된다.

단, 은행 장부는 은행의 회계 시스템으로 유지되고 그 장부 내용이 공개되지 않지만, 비트코인은 오픈 소스를 바탕으로 무수히 많은 자원봉사 프로그래머에 의해서 유지되고 그 내용이 공개된다.

즉 특정 계좌 그 자체는 누구나 자유롭게 거래 내용을 따라가며 볼 수 있는 구조다. 어떤 의미에서는 비공개 은행 회계 시스템 속에 든 개인 은행 장부보다 투명한 셈이다.

범죄 방지라는 관점에서 문제점을 꼽자면, 이 계좌를 다른 누구의 심사도 거치지 않고 간단히 개설할 수 있다는 점이다. 이 문제의 대응책으로는 거래소를 면허제로 하고, 이와 더불어 고객 관리를 엄격하게 하는 등 규제를 강화하는 방법이 있겠다.

2008년에 자신을 '사토시 나카모토'라고 밝힌 인물이 제안한 이 방법은 일반적 시스템인 중앙 집중 전산 시스템에서 데이터를 관리하는 '중앙집권형'으로 유지되는 은행 장부가 아니라 '분산형'으로 유지되는 장부다. 거래 내력 데이터는 무수히 많은 거래 참여자의 컴퓨터에 분산돼 기록되므로 고성능 기기가 필요 없다.

거래 데이터를 한데 모은 저금통장의 장부인 '블록'을 약 10분마다 모아서 과거의 블록과 연결해 보존하도록 프로그래밍이 되어 있다. '블록체인'이라는 이름은 '사슬(체인)'처럼 데이터 뭉치가 길게 이어진 이미지에서 비롯되었다.

또 이 블록체인 속에는 과거 거래와의 관련성을 보여주는 흔적이 남게끔 프로그래밍이 되어 있으므로 위조하려면 과거로 거슬러 올라가 엄청난 양의 데이터를 수정해야 한다. 따라서 위조는 사실상 불가능하다고 한다.

게다가 비트코인에는 채굴Mining이라는 독특한 시스템이 있다.

이 시스템은 채굴 과정에서 복잡한 계산식을 가장 먼저 푼 개인이나 전문 업자를 비롯한 참여자가 새로운 블록을 생성하고, 그 보수로서 새롭게 발행된 비트코인을 얻는 것이다.

참여자는 채굴 과정에서 블록 속의 거래 데이터가 올바른지 그렇지 않은지를 과거 내력과 조회하여 확인하는 작업까지 해야 한다. 즉 관리 업무를 자진해서 떠맡아 주는 시스템으로 되어 있는데, 이는 비중 있게 다루어야 할 점이다(참고로 채굴이 점차 불가능해진다는 점은 훗날 큰 문제가 될 것이다. 따라서 1비트코인의 가치가 급등한다거나 또는 기존의 비트코인을 무효로 하고 매장량을 늘리는 등 무언가 다른 인센티브가 필요해질 것이 분명하다).

그리고 비트코인은 일반 통화와 달리 발행량이 제한돼 있으므로 희소성 측면에서도 우위에 있다. 가치를 담보하기 위해서 그 발행량이 상한 2,100만 비트코인으로 제한되었는데, 이는 나카모토가 금의 현재 매장량 21만 톤을 참고해 설정한 수치라고 한다.

말하자면 공급량을 제한하여 국가의 경제 정책조차 좌우할 수 없는 가치 담보 시스템을 가진 통화 시스템을 만들어낸 셈이다.

나는 비트코인이 급등한 이유를 인터넷 세계에 현실 세계를 뛰어넘는 안정성과 신뢰성이 구축됨으로써 자유로운 거래가 가능해진다는 나카모토의 이상이 현행 통화 제도에 품고 있는 전 세계 사람의 불만을 흡수하는 형태로 지지를 불러일으켰기 때문으로 본다.

게다가 비트코인은 송금 수수료가 낮다는 점에서 현행 은행 시스템보다 우위에 서 있으므로, 비트코인 이용에 더욱더 박차가 가해지고 있다.

비트코인이란 '전자통장' 같은 것

자금의 이동이나 결제는 상당히 규모가 크기 때문에 실패할 경우 국민 생활을 뒤흔들 만큼 심한 충격을 준다. 이처럼 사회에 커다란 영향을 끼치는 자금 결제라는 업무를 매일 무사히 집행하기 위해서, 중앙은행과 초대형 은행을 비롯한 수많은 거대 조직이 연계하여 자금 결제 업무를 집행한다.

날마다 이루어지는 이러한 번잡스러운 작업 끝에 통장에 기재되는 수치가 변하고, 이 번잡함이 은행 예금이나 은행 시스템 그 자체에 대한 '신용'으로 치환된다. 그리고 일본의 1,000조 엔이 넘는 통화량$^{Money\ Stock}$ 중 90퍼센트가 예금인 이상, 일본의 은행 시스템에 대한 신용은 일본 엔화 그 차제에 대한 신용으로 이어진다.

이는 상당히 중요한 개념이다. 은행은 '확실한 결제 프로세스'로 돈의 가치를 담보하고 있다고 말해도 지나치지 않다. 게다가 일본뿐 아니라 전 세계가 모두 똑같은 시스템으로 이 '신용'을 구축한다.

2001년에 일어난 9·11 테러로 세계무역센터^{WTC}가 파괴되었을 때 달러의 단기 금리가 폭등한 까닭은 세계무역센터 빌딩에 있던 달러 결제를 지탱하는 캔터 피츠제럴드 증권주식회사가 사라져 달러 결제 시스템이 무너질 위기에 직면했기 때문이다.

나는 당시 씨티은행이라는 미국 은행에서 통화 스와프 트레이더로 일하는 중이었다. 스물여섯 살 한창 일할 때였으므로, 어느 날 씨티은행의 국제 금융본부가 있는 런던 지점으로 발령이 났고 그곳에서 반년 정도 연수를 하게 되었다.

2001년 9월 11일, 런던에서는 정오가 지났을 무렵이었다. 갑자기 연수실에서 방영되던 영화가 임시 뉴스로 바뀌었다. 그때는 마침 점보제트기가 뉴욕의 세계무역센터 빌딩으로 돌진한 순간이었다. 방에 있던 20여 명의 동료 모두가 크게 웃었다. 연수용 몰래카메라 비슷한 것으로 생각한 탓이었다.

웃음소리가 비명으로 바뀌는 데에는 그리 오랜 시간이 걸리지 않았다. 우왕좌왕하는 사이 은행 안에서는 테러리스트가 이 초고층 빌딩 꼭대기에 있는 씨티은행 로고를 목표로 돌진할 테니 피난하라는 방송이 울려 퍼졌다.

우리가 런던에 있는 미국은행의 지점에서 빠져나가고 있을 무렵, 뉴욕에서는 세계무역센터 빌딩 속 달러 금리를 중개하는 회사가 갑자기 지상에서 사라지는 바람에 달러 자금이 정체되는 사태가 벌어졌다. 이 회사가 은행들 사이에 달러를 공급해주는 파이프 역할을 담당했기 때문이다.

귀가 후 도쿄팀에 황급히 전화를 걸어 물어보았더니, 달러 금리 시장은 자금이 정체된 탓에 파생상품^Derivatives(주식과 채권 등 전통적인 금융상품을 기초 자산으로 하여 기초 자산의 가치 변동에 따라 가격이 결정되는 금융상품_역자 주) 가격으로부터 역산해서 계산되는 달러의 단기 금리가 두 자릿수 후반까지 급등한 상태였다.

이리하여 수많은 금융기관이 충격을 견디지 못하고 막대한 손실을 냈다.

머니 파이프의 정체로 일어난 금리 상승

은행 간에 대출을 기피했다기보다 은행들 사이에 흐르던 머니 파이프가 사라진 순간 달러 금리와 달러가 급격히 상승해버린 것이다.

아마도 그다음 주였던 것 같은데, 함께 런던에서 연수를 받던 투자 은행 부문의 어시스턴트 매니저 100여 명, 거의 전원이 아무런 잘못조차 하지 않았는데도 원가 절감이라는 명목으로 해고되었다. 나를 포함한 시장 부문의 스무 명 정도는 전원 무사히 업무를 받았지만, 나는 이때 외국계 회사의 상상을 뛰어넘는 인사 제도에 경악을 금치 못했다.

2008년 9월에 일어난 리먼 사태 때 역시 달러 결제 자체를 맡은 미국 주요 상업·투자 은행의 도산 가능성이 점쳐지면서, 달러로 결제하지 못하는 상황에 대한 우려가 퍼지는 바람에 달러의 단기 금리가 급등했다.

금리 상승은 곧바로 경제 활동에 악영향을 끼친다. 국제 금융 시스템에 의존하는 현행 자금 결제 시스템의 약점이 드러나는 순간이다.

이와 같은 일련의 결제 흐름을 머릿속에 넣은 다음 비트코인 거래와 결제의 실제 흐름을 생각해보면, 비트코인의 강점이 선명해진다.

비트코인은 전자 매체의 형태이고 돈의 액수도 문제가 되지 않으며 매매 비용 또한 거의 들지 않는 까닭에, 전 세계에서 적극적인 매매 대상으로 떠오르고 있다. 이 자금 결제 프로세스는 즉시 결제까지는 아니어도 약 10분이면 결제가 끝난다.

절차가 복잡하지 않으면서 현행 화폐·은행 예금 자금 결제 시스템과 마찬가지로 정확하게 자금이 결제되며, 이를 비트코인 자체의 프로그래밍이 담보해준다.

게다가 익명성까지 있으므로 이러한 수단이 전 세계에서 신용을 얻어 화폐로 사용되는 것이다.

지금까지 비트코인을 비롯한 암호통화가 어떻게 전 세계에서 화폐로 인정받았는지 그리고 이 결제 프로세스 자체가 신용을 얻게 된 배경은 무엇인지를 설명했다.

현대 우리 사회의 화폐 시스템은 지폐가 아니라 은행 예금 시스템에 의존하므로, 은행의 신용 도산 위험에 대한 대항성에 취약하다는 단점이 있다.

그럼 전 세계에서 점차 암호통화를 사용하게 된다면, 그 과정에서 어떠한 사회 현상이 일어날까?

결론 하나를 미리 말하면, 암호통화 특히 비트코인이 현행 화폐·은행 예금 시스템을 완전히 대체하지는 않을 것 같다.

비트코인은 공급량이 2,100만 비트코인으로 제한되어 경직적으로 운영되고 있다. 따라서 경제 규모에 따라 유연하게 그리고 대량으로 공급되지 않으면 운영하기 힘들 만큼 상호의존성이 높은 오늘날의 국제 사회에서는 화폐의 한정된 역할밖에 수행할 수 없다.

더 자세히 말하면 현행 화폐 시스템을 몰아내면서까지 완전히 대체되지는 않으리라고 단언한다.

오늘날 국제 사회는 경제의 세계화 속에서 국경을 넘어 복잡하게 자본이 오가고 있으므로, 화폐 공급량에는 유연성이 필수다.

화폐 공급량에 제한이 있는 비트코인만의 세상이 도래한다면 자금 유통 속도의 저하 탓에 사람들은 매일 전 세계 어딘가에서 매일 일어나는 채무불이행의 여파를 맞게 될 것이다.

이는 18세기에 지폐가 탄생하기 전, 비로 인해 길이 미끌미끌해져 금화를 나르는 마차가 늦게 도착하는 바람에 흑자도산을 했던 것과 비슷한 사태가 일상적으로 일어난다는 뜻이다.

비트코인으로 바꿔 말하면, 터무니없을 정도로 비트코인의 가격이 폭등해 때때로 비트코인을 손에 넣기 어려워지는 상황이 되는 것이다.

한편, 돈의 대체품으로는 비트코인이 매우 효과적일 듯하다. 공급량의 제한에서 비롯된 비트코인의 희소성은 상거래라기보다 투자 대상으로서 분명 그 지위를 확보해가리라고 생각한다.

비트코인의 아류도 여러 개 나오겠지만, 이 또한 마찬가지로 희소성과 유통량의 균형이라는 측면에서 보았을 때 비트코인보다 전 세계 경제에 큰 영향을 주지는 못할 것이다.

'디지털 계약서'가 화폐 역할을 한다

단, 암호통화에 관해 내가 전하고 싶은 것은 이렇게 세세한 내용만이 아니다. 이제부터 설명할 내용이 무엇보다 중요하다.

주목해야 할 점은 암호통화 그 자체가 아니라 비트코인의 핵심인 '분산 장부 블록체인'이라는 원리를 암호통화 외의 물품·서비스에 어떻게 응용할 것인가이다.

예를 들어 주식을 비롯해 현재 거래소에서 거래되는 상품은 물론이고 토지, 자동차, 보험 등 여태까지 거래소에서 거래하기 어렵다고 여겼던 권리서 그 자체를 가상화한 이른바 비트코인이 아닌 비트계약서 '스마트 계약Smart Contract' 같은 것이 여기에 해당한다.

현재 주식은 보통 증권거래소에서 매매하지만, 미래에는 거래소가 사라지고 점차 암호통화처럼 분산 장부로 관리될 것이다.

또 주식 이상으로 고액에 대규모로 거래되는 채권은 주로 상대 거래라고 해서 거래소가 아닌 일대일 전화로 거래하는데, 앞으로는 그 어느 분야에서보다 스마트 계약의 수요가 있으리라 생각한다.

만일 토지 등기 증서 또한 분산 장부로 관리할 수 있게 된다면, 그 유통 속도는 부동산이라는 말 그대로 움직이지 않는 것에서 상당히 빠르게 움직이는 것으로 바뀌게 될 가능성 역시 숨어 있다.

알기 쉽게 우리 사회와 관련된 예를 들면, 최신 기술의 진보가 뚜렷하고 실제로 세상에서 유행하기 시작한 가상현실 안경 속 3D 가상 세계의 도래가 그 열쇠가 될지도 모른다.

나는 모스크바의 '가상현실 바'에서 이 안경을 써보았는데, 상당히 현실감 넘치는 세계가 느닷없이 눈앞에 나타나 깜짝 놀랐다. 느닷없이 고대 이집트에 던져지더니 진짜 같은 괴물의 공격을 받는 그 세계에서 진심으로 공포를 느꼈을 정도다.

이러한 가상 세계에서 현실 세계와 비슷한 상황을 재현하는 일 따위는 식은 죽 먹기다. 돈이나 물품 거래에 수반되는 가상 세계에서의 소유권이 이러한 분산 장부 시스템에 기록돼간다면, 현실의 돈 또는 경제 흐름과 가상현실의 융합 속도가 더욱더 빨라질 가능성이 있다.

실제로 블록체인 시스템을 응용하려는 조짐은 이미 나타나고 있다. 2015년 가을에 '비자^{VISA}'와 '도큐사인^{DocuSign}'이 블록체인으로 자동차 임대 계약 과정을 효율화하겠다고 발표했다.

운전석에 앉은 고객이 계기판 화면에 표시된 차내 애플리케이션을 조작함으로써 임대 계약, 보험 계약, 결제 카드 등록이 종이 없이도 끝난다는 것이다. 여태까지는 여러 장의 종이 문서에 서명하고 이 문서를 보관해야만 했지만, 이제 그럴 필요가 없으므로 임대 계약의 효율성은 분명 향상된다.

이 모델은 임대 계약뿐 아니라 구매에도 적용할 수 있으리라 예상되므로, 미래에는 자동차뿐 아니라 부동산 등기까지 블록체인으로 관리할 날이 올지도 모른다.

이와 같은 서비스가 점차 보급돼가는 과정에서는 고객의 기동성 있는 결단을 방해하지 않으면서 신속하게 결제 가능한 통화가 필요해진다. 나는 블록체인의 사회적 수요가 높아졌을 때 암호통화도 우리 사회에 본격적으로 등장할 것이라 생각한다.

미래에는 '디지털 계약서' 그 자체가 돈과 다름없는 역할을 해낼지도 모른다. 디지털상에서 디지털 계약서 자체를 물물교환하는 상황을 머릿속에 떠올리면 좋겠다.

그때가 되면 화폐는 가치를 측정하는 척도의 역할만을 하고, 실제로는 디지털 계약서를 주고받게 될 것이다.

암호통화로도 버블 붕괴가 일어날 수 있다

18세기 프랑스에서 지폐와 함께 탄생한 중앙은행이라는 존재가 21세기에는 디지털과 함께 개개인의 컴퓨터로 서서히 대체될 가능성이 뚜렷해졌다.

그 미래의 모습은 존 로, 사토시 나카모토가 마치 무법자처럼 지금 유통 중인 화폐에 대한 불만을 발판으로 삼아 만들어낸 새로운 화폐 혁명이다.

비트코인 열풍을 낳았듯이 사토시 나카모토는 분명 암호통화를 통해서 스마트 계약 열풍을 만들어낼 것이다.

참고로 암호통화의 부정적 측면에 주의해야 한다는 말을 덧붙여두고 싶다.

현재의 암호통화 시장은 중국이 암호통화에 가했던 규제 등으로부터 재빨리 탈출하려는 수요에 따라 폭발적으로 시장을 넓혀왔다.

더욱이 이러한 실수요를 넘어서, 사람들이 존 로의 꿈을 공유했듯이 미시시피 계획 등의 동화 같은 돈벌이 이야기가 가상현실 속에서 만들어지고, 이러한 꿈에 많은 사람이 현물 자산을 쏟아붓는 버블 비슷한 현상도 나타나리라.

비트코인의 신뢰성 덕분에 그 위에서 펼쳐지는 흡사 사기 같은 이야기에도 점차 신빙성이 더해지기 때문이다. 그러나 가상현실 역시 결국은 현물 자산이라는 확실한 증거로 그 신용을 창조해나가는 법이다.

이를 초월해 현실에 맞지 않게 암호통화에 대한 수요가 의도

적으로 만들어져 신용이 확대되고, 스마트 계약으로 계약이 체결되는 물품이나 서비스의 가격이 폭등할 때에는 그다음에 반드시 일어날 버블 붕괴를 내다보고 대응해야만 한다.

이것이 바로 역사를 배운다는 것이다.

제7장

불확실성_전쟁에 대비하기 위한 4가지 선택지

미래를 대비하기 위한 자산 운용

점차 다극화로 향해 가는 오늘날, 전 세계에서는 지정학적 위험이 크게 높아지고 있다.

그렇다고 해서 이런 세상에 살고 있다며 한탄만 하고 있어서는 안 된다. 이 같은 사태에 대비하여 방책을 세울 필요가 있다.

행동하지 않으면 위험해지는 시대다.

그리고 이 말은 생활이나 업무는 물론 자산 운용에도 적용된다. 예전과 비교해 국가 간의 마찰이 증가한 이상, 지금과는 다른 운용 방식을 도입해야 한다.

이처럼 격동하는 세계에서 제2차 세계대전이라는 비상시에 돈의 역사가 어떠했는지를 안다면, 자산 운용에 관한 많은 힌트를 얻을 수 있을 것이다.

자산을 금괴로 보유한다는 선택지

1998년, 구 일본 해군의 해대형 제52잠수함이 대서양 깊은 곳에서 발견되었다.

1944년 동맹국 독일에 파견된 이래 소식이 끊겼던 이 잠수함은 레이더와 고속 어뢰정 엔진 등 독일제 공업 제품의 복제 방법을 익히려는 목적에서 파견되었으므로, 이 잠수함에는 일본이 자랑하는 우수한 기술자들이 타고 있었다.

그런데 해대형 제52잠수함이 운반한 것은 기술자들만이 아니었다. 일본은행 오사카지점의 지하 금고에서 반출된 2톤의 금괴도 함께 운반했다.

당시 일본에 미국과의 군사 기술 격차를 메우는 일은 전쟁의 향방을 좌우하는 시급한 국가 과제였다. 일본은 동맹국이자 기술 선진국인 독일로부터 기술을 전수하여 이 격차를 메우려 했다. 당연히 독일은 일본에 기술 이전의 대가를 요구했다. 그 대가는 제2차 세계대전 때에도 전 세계에서 통용되었던 화폐, 즉 금괴였다.

당시 세계를 살펴보면 아시아 지역은 일본이, 유럽 지역은 독일이 점령하고 있었다. 참고로 일본과 유럽 사이에는 독일과 일본의 적국인 소련이나 영국, 미국의 점령지가 가로놓여 있어서, 당시 외환·자본 시장의 중심지였던 런던과 뉴욕에서는 당연히 독일과 일본의 외채를 발행할 수가 없었다. 따라서 추축국이었던 독일과 일본은 잠수함으로 은밀하게 직접 금괴를 옮기는 것만이 자금을 조달할 유일한 방법이었다.

독일 역시 일본으로부터 금괴를 받기를 간절히 원했다. 당시 독일은 금 부족 문제로 고통받고 있었기 때문이다.

독일은 당시 고품질 철을 만드는 데 필요한 텅스텐은 스페인과 포르투갈에서, 고품위 석유는 루마니아에서, 크로뮴은 터키에서, 볼 베어링이나 수은은 스웨덴에서 구매했지만, 이 유럽의 중립국들은 그 대가로 독일의 라이히스마르크를 받기를 거부했고 오로지 금과 스위스 프랑으로만 거래에 응했다.

독일이 제2차 세계대전을 일으키기 직전인 1939년의 8월 말 시점에 독일의 금 보유량은 133톤이었다. 그러나 해가 갈수록 금 보유 톤수가 떨어져 1944년에는 무려 30톤으로 감소했다. 독일은 금괴 2톤이 도착하기를 학수고대했지만, 연합군이 암호를 해독하면서 해대형 제52잠수함은 매복하고 있던 연합군의 공격을 받아 침몰하고 말았다.

이리하여 독일은 더 많은 금을 손에 넣기 위해 약탈이라는 방법을 선택했다.

1970년대에 미국의 발표로 드러난 수치를 보면, 독일은 점령 지역의 중앙은행이나 유대인 등으로부터 비합리적으로 금을 징수한 다음 스위스 비밀 은행 계좌 등에 보관했는데, 그 보유량이 무려 500톤에 달했다고 한다.

일본군이 러일 전쟁이나 태평양 전쟁을 준비할 때 군수 물자 획득에 필요했던 금 보유량이 600톤이었음을 생각하면, 나치 독일이 군수 물자 획득에 필요로 했던 500톤은 실제에 가까운 수치인지도 모른다.

일본 역시 전쟁이 한창이던 아시아에서 금으로 대량의 군수 물자를 사들였다.

동맹국이나 중립국에서 군수 물자를 대량으로 사들일 때, 아시아에서는 스위스 프랑이 통용되지 않았다. 이러한 이유도 있어서 일본은 외국과 교역할 때 주로 금괴를 사용했다.

단, 일본은 독일처럼 금을 약탈하지 않고, 일본 국내에서 금을 공출 또는 채굴하거나 일본은행이 보유한 금 보유 장부를 고치는 방법 등으로 금을 창출해냈다.

태평양 전쟁 직전까지는 샌프란시스코의 미국 연방준비은행에 금을 현물로 수송하고, 이를 달러로 바꾼 다음 중유 등의 군수 물자를 대량으로 구매했는데, 그 양이 600톤에 달했다고 한다. 2017년 12월 시점으로 일본의 금 보유량이 765톤이라는 사실을 생각하면, 600톤이 얼마나 어마어마한 금액이었는지 쉽게 상상할 수 있다.

이처럼 군수 물자를 대량으로 사들인 덕분에 비록 초전뿐이었지만 일본은 태평양 전쟁에서 유례없는 승리를 손에 넣는다.

1952년 평화조약 발효 시의 일본은행 장부를 살펴보면, 종전 직전까지 일본은행이 보유했던 금은 100톤을 밑도는 90톤 전후였다.

다시 말해 일본은 일본은행의 장부를 조작함으로써, 전쟁을 준비하고 수행하는 데 필요한 군수 물자를 간신히 조달해왔던 것이다. 중일 전쟁과 태평양 전쟁 때에는 750톤 전후의 금괴가 소비되었다.

'유사시의 금'이라고 하듯이, 제2차 세계대전 때처럼 큰 전쟁이 아니어도 전쟁이 한창이거나 전쟁이 예상되는 상황에서는 금의 수요가 높아진다.

금괴는 영원히 찬란하게 빛나는 광택으로 대표되듯이 변화하지 않을뿐더러 그 무엇보다 화폐의 필수 요소인 '가치 보존'을 충족하는 금속이다. 또 귀금속이라는 성격상 국가 재정 파탄 위험

등에서 자유롭고 그 양이 한정된 까닭에 정부와 중앙은행의 유착으로 발행량이 무한대로 늘어나기도 하는 지폐와 비교했을 때 상대적으로 우위에 있다.

이러한 금의 특성 덕분에 세계대전처럼 국가 위험성이 높아지는 상황이나 주변의 시선을 아랑곳하지 않고 지폐를 마구잡이로 찍어내기 쉬운 전쟁 시, 금은 무역 통화로서 귀한 대접을 받았다. 한편, 금에는 무겁고 부피를 차지한다는 결점이 있으므로 이점에서는 지폐보다 상대적으로 열위에 있다.

자산을 스위스 프랑으로 보유한다는 선택지

전쟁 당시 유럽에서는 금괴를 수송하는 수고를 덜기 위해 국제간 무역 시에 국제 통화로서 주로 스위스 프랑을 사용했다.

스위스는 나폴레옹 전쟁 후인 1815년에 열린 빈 회의에서 '영세중립국'으로 승인받은 이래 200년이 넘는 동안 계속 영세중립국의 지위를 유지해왔다.

유럽의 중심에 있다는 지리적 특성을 활용해 중립을 유지하면, 유럽에서 생산적으로 상업 활동이 가능하다는 장점이 있다.

스위스는 제1차 세계대전과 제2차 세계대전 때 이 장점을 톡톡히 누렸다.

스위스는 중립을 굳게 유지함으로써 전쟁의 화를 면했을 뿐 아니라 양 진영에 무기를 수출하여 어마어마한 이익까지 얻었다. 특히 제2차 세계대전 때에는 독일에 물자를 수출해 큰 이익을 챙겼다.

1939년, 독일의 폴란드 침공으로 제2차 세계대전이 발발하자 스위스는 중립을 선언하고 국민 450만 명 중 14퍼센트를 군사로 징발하여 닥쳐올 자위전쟁에 대비했다. 당시 독일과 프랑스의 국경선에는 프랑스가 구축한 '마지노선'이라는 요새선이 있었다. 독일이 스위스를 거쳐 이 요새선을 우회하면 프랑스를 침공하는 것이 가능했으므로, 스위스는 독일이 스위스를 지나쳐 가는 이 작전을 펼치지 못하게 막고 싶어 했다.

한편으로 연합국 측이 스위스에 요구한 독일에 대한 경제봉쇄는 거부했다. 독일에 스위스 침공의 구실을 주게 될까 우려했던 것이다. 스위스는 독립만 지킬 수 있다면 그것으로 충분했으며, 당시 머릿속에 그렸던 영세중립국으로서 상업을 발전시킬 기회를 이 세계대전에서 찾아냈다.

그 후, 이탈리아가 참전하고 프랑스가 독일에 항복하자 스위스는 추축국에 둘러싸이게 된다.

이처럼 지리적으로 제한되면서 1940년 프랑스가 항복하기 전과 비교해 연합국에 수출하는 양은 반으로 줄고 추축국에 수출하는 양은 세 배로 늘었다. 물론 영국을 비롯한 연합국은 스위스를 비난하는 성명을 발표했다. 하지만 스위스는 추축국에 치우친 경제 정책으로 전향하는 중에도 양 진영의 균형을 고려하면서 방위 체제를 충실히 하여 독립을 유지하고자 힘썼다.

스위스는 독일에서 석탄과 철, 식량을 수입하는 대신 알루미늄과 화학제품, 의약품을 수출했다. 반면에 독일은 스위스의 풍부한 수력을 이용해 전력을 공급받고 스위스를 거쳐 남유럽에서 생산된 식량을 수송하기를 원했다.

하지만 무엇보다 스위스의 특기가 발휘된 분야는 금융 부문이었다. 스위스는 금융 인프라 면에서 독일에 아낌없는 지원을 하는 등 추축국 쪽에 협력했다.

스위스는 독일에 점차 많은 돈을 대출해주었고, 이 자금은 독일 국방군이 스위스제 무기 탄약을 구매하는 비용으로 쓰였다. 이처럼 독일 측에 스위스는 전쟁 시 경제 정책을 수행하는 데 빠뜨릴 수 없는 국가가 되어갔다.

특히 국제 통화로서 유통되는 스위스 프랑은 독일에 필수적이었다. 영세중립국을 선언한 스위스는 독일 측에 협력하는 대가로 유통성이 높은 국제 통화인 금괴를 요구했다. 연합국으로부터 중립성을 의심받지 않으려면 금괴를 요구할 수밖에 없었기 때문이다. 이러한 까닭에 독일은 점령 지역에 살던 유대인에게서 징수한 유가증권이나 귀금속을 스위스에 매각하고 그 대가로 스위스 프랑을 손에 넣었다.

이 귀금속에는 유대인에게 약탈한 금 외에도 벨기에, 네덜란드, 룩셈부르크, 덴마크, 노르웨이, 체코, 오스트리아의 중앙은행이 보유했던 금괴도 포함되어 있었던 듯하다.

스위스가 독일에 대가로 받은 유가증권은 5,000만에서 1억 스위스 프랑에 달했다고 한다. 이 밖에는 독일이 점령 지역에서 터무니없는 값에 사들인 미술품 등을 받았다.

평상시부터 세계대전과 같은 대규모 전쟁이 일어나도 중립을 유지하겠다고 선언했던 국가는 스위스 외에도 오스트리아, 라오스, 투르크메니스탄 등이 있다. 그러나 영세중립국의 통화이면서 국제적으로 통용되는 단독 통화는 스위스 프랑이 유일했다.

두 차례 세계대전을 거치며 그 가치를 전 세계에 널리 알린 스위스 프랑은 혹여 미래에 전쟁이 일어나도 절대 그 가치가 떨어지지 않을 것이다.

자산을 생명과 직결하는 것으로 보유한다는 선택지

제2차 세계대전 당시, 일본도 스위스와 금융 거래 및 교역을 해야만 했다. 유럽에서 군수 물자를 사거나 유럽의 전시 상황 정보를 얻고자 파견한 첩보원에게 자금을 제공하려면 스위스 프랑이 필요했기 때문이다. 당시 일본의 외환 업무를 도맡았던 요코하마 쇼킨은행橫浜正金銀行이 스위스 프랑의 조달 업무도 담당했다.

전쟁 시 일본은 도쿄에 있는 스위스 공사관에 금괴를 맡기고 이 금괴를 담보로 스위스 프랑을 빌리거나 또는 금괴를 스위스 측에 매각하고 유럽에서 그 대금을 스위스 프랑으로 받는 통화 스와프 안을 제시했지만, 추축국의 전세가 불리해지면서 스위스로부터 거절을 당했다.

그런데 어느 시점을 경계로 스위스 프랑 부족 문제가 결정적으로 개선된다.

연합국 측이 일본 관할 아래 있던 연합국 포로에게 위문품을 수송하는 길을 만들고자 일본과 스위스 양쪽에 제안한 것이다.

그 결과 스위스에 있는 요코하마쇼킨은행 계좌의 잔액이 급격하게 늘면서, 일본은 잠수함을 유럽에 파견하지 않고도 현지에 주재하는 일본 외교관이나 군인에게 넉넉한 활동 자금을 제공할 수 있게 되었다.

전해져 오는 이야기에 따르면, 미국·영국·네덜란드 3개국은 전쟁이 끝날 때까지 1년도 채 안 되는 기간 총 1억 1,560만 스위스 프랑을 송금했다고 한다. 현재 물가가 당시의 5배라는 사실을 고려하면 이 금액은 현재의 화폐 가치로 환산했을 때 무려 약 700억 엔에 달하는 거액이었다.

이 이야기는 비록 전쟁 중일지라도 적군에게 자금을 제공하는 일이 일상적으로 이루어질 만큼 인명을 최우선으로 여긴다는 사실을 암시한다. 당연한 일이지만 국가 간에도 목숨이 돈보다 우선인 것이다. 이러한 일화로 보아 자국민의 목숨을 유지하는 일, 즉 식량 확보가 얼마나 중요한지를 알 수 있다.

에도 시대까지 일본의 통화가 쌀이었던 것처럼 식량을 화폐의 대체재로 취급하는 것은 인류 역사에서 그다지 이상한 일이 아니다.

따라서 우리도 전쟁이 일어난 후에 뒤늦게 식량을 확보하려 애쓰지 말고, 평소 가정 텃밭을 보유하거나 적어도 근처 채소 가게 또는 고깃집 등과 원만한 관계를 유지해두면 어떨까. 전쟁 시에는 돈이나 재산이 생명 유지에 필요한 물품보다 상대적 열위인 상태가 될 수도 있으니 말이다.

자산에서 지폐 보유를 배제한다는 선택지

태평양 전쟁 전후에 일본은 중일 전쟁으로 어쩔 수 없이 거액을 지출해야 했다. 그리하여 재정적으로 고립된 일본은 군수 물자를 계속해서 손에 넣기 위해 여기저기에 중앙은행을 세웠다.

중일 전쟁 당시, 1938년에는 화북에 중국연합준비은행을, 1941년에는 화중과 화남을 대상으로 중앙저비은행을 설립했다.

그 밖의 은행으로는 만주중앙은행, 내몽골의 몽강은행 그리고 남방 지역의 남방개발금고가 있는데, 이 은행들은 중국 내 일본 점령 지역에서 은행권을 발권하고 관리하려는 목적으로 설립되었다.

처음에는 이 지폐를 담보하기 위해 일본은행이 요코하마쇼킨

은행 상하이지점에 송금한 금괴 54톤을 사용했다.

그런데 머지않아 '가장납입 제도'라는 일본이 갹출하는 일본 은행권을 담보로 현지 통화를 발행한다는 시스템으로 점점 바뀌어갔다.

하지만 사실 담보가 된 일본 엔화를 양쪽 은행이 인출할 수 없다는 결정적 결함을 가진 제도를 기반으로 한 까닭에, 이 현지 중앙은행들이 발행하는 현지 지폐의 신용은 바닥에 떨어졌고 중국에서는 3만 퍼센트가 넘는 극심한 인플레이션이 일어났다.

전쟁 시 주위의 시선을 아랑곳하지 않는 국가는 군수 물자 조달에 필요한 자금을 얻기 위해 통화 발행 이익을 노리고 극도로 통화 가치를 희소하게 만든다는 근시안적이면서 안이한 방법을 선택하기 쉽다.

역사를 되짚어 보면 전쟁으로 국가의 신용도가 희박해졌을 때, 결과적으로 지폐의 가치는 폭락하고 물가는 폭등했다.

1941년, 태평양 전쟁이 시작되었을 때에는 엔 달러 환율이 1달러에 약 4엔이었지만, 1949년에는 360엔으로 고정되었다. 일본 엔화의 가치가 무려 약 100분의 1로 떨어진 것이다.

전쟁 때 보유하고 싶은 자산

독일은 '전쟁으로 전쟁을 꾸려간다'는 방책을 세워 전쟁 시에 약탈하는 등의 방법으로 군수 물자를 획득했다. 한편, 일본은 자국 내의 금 보유량과 일본은행의 장부를 조작하고 눈에 보이지 않는 형태의 약탈인 가장납입 제도를 이용하는 등 외부로부터 군수 물자를 조달했다.

전쟁이 일어났을 때, 국가가 평시에서 전시 체제로 사회 모습을 강제로 변화시켰던 것은 역사적 사실이다. 그리고 앞으로도 이 같은 모습은 변하지 않으리라고 생각한다.

이러한 상황에서 믿을 만한 자산이나 수단은 금, 어느 진영에도 속하지 않는 스위스 프랑, 생명 유지에 필요한 식량 확보하기, 추가 발행될지 모르는 지폐 보유하지 않기의 네 가지다.

전쟁에서 승리하기 위해서라면 사용할 수 있는 신용을 극한까지 사용하는 것이 국가의 참모습이기 때문이다.

따라서 전쟁을 비롯하여 예상 밖의 사건이 일어나는 오늘날, 자국 통화가 아닌 다른 무언가로 자산을 분산해두는 일은 중요하다. 금이나 스위스 프랑 등은 비상시에 당신의 자산 포트폴리오를 지켜줄 중요한 존재가 될 것이다.

제8장

시뮬레이션_돈의 역사를 통해
미래를 예측하다

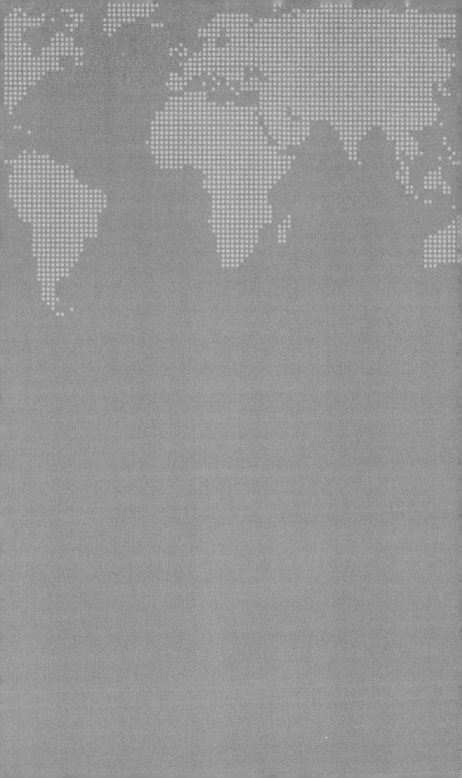

'시뮬레이션 사고'의 3가지 축

역사를 공부한다는 것은 인과관계를 익혀서 미래를 예측하는 행위라고 이야기했다. 그리고 미래를 예측하는 행위는 다른 말로 스토리를 만드는 일이다.

스토리를 만들기 위해서는 그 일을 하면 이렇게 될 것이라며 과거의 사례를 끊임없이 지식으로 저장해가는 작업이 상당히 중요하다고 생각한다.

미래는 되도록 전 세계의 사례를 넓고 깊게 생각하고 지식을 쌓아 많은 이야기를 만듦으로써 시뮬레이션할 수 있다.

투자 스토리를 많이 가질수록 그 스토리 중 무언가에 미래가 들어 있을 가능성이 커진다. 이러한 투자 스토리를 만드는 방법에 나는 '시뮬레이션 사고'라는 이름을 붙였고 이 사고를 펀드 운용에 매일 활용한다.

참고로 나는 앞서 출간된 『정보를 돈으로 바꾸는 시뮬레이션 사고情報をお金に換えるシミュレーション思考』(국내 미출간)에서 '세계에 대한 호기심', 지리와 정치를 연결하는 '지정학' 그리고 우리의 경제생활 기반을 제대로 알기 위한 '돈의 역사'가 바로 스토리를

만드는 '시뮬레이션 사고'에 필수적인 세 가지 축이라고 정의했다. 그중에서도 중요한 요소는 '돈의 역사'다.

아래 그림은 이와 같은 '시뮬레이션 사고'를 사용했을 때의 미래 이미지를 그림으로 나타낸 것이다.

밑변의 가로축(X축)이 국가 수(세계에 대한 호기심)이다. 그리고 높이(Y축)가 정치·군사의 역사, 즉 지정학이며 밑변의 세로축(Z축)이 돈의 역사다.

이 가로축, 세로축, 높이로 구성된 정육면체가 미래 사회를 나타낸다.

예를 들어 당신이 하나의 나라밖에 알지 못한다면, 아는 나라의 수가 1, 즉 X축은 '1'이 된다. 또 군사·정치의 역사를 전체의 10퍼센트만 알 경우에는 Y축이 '10', 돈의 역사를 알지 못할 경우에는 Z축이 '0'이 된다.

시뮬레이션 사고의 3가지 축

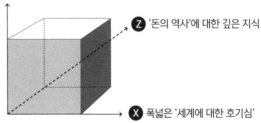

Y '지정학'에 대한 높은 지식

Z '돈의 역사'에 대한 깊은 지식

X 폭넓은 '세계에 대한 호기심'

즉 각각의 축을 많이 알수록 정육면체가 커지므로, 미래를 더 많은 선택지 중에서 생각할 수 있다.

정육면체 안에는 오랜 역사로 증명된 객관적인 스토리가 많고, 그 스토리의 핵에는 저마다 근거나 이유가 존재한다. 스토리를 많이 가진다는 말은 X축, Y축, Z축을 폭넓게 가진다는 뜻이다.

성에 비유하면 돈의 역사로 성 둘레에 해자가 생기고 지정학으로 성벽이 생기는 이미지로, 여러 나라의 화폐 역사와 지정학을 알수록 그 성은 훨씬 견고해진다.

미래는 객관적인 수많은 스토리 속에 있다. 오직 하나뿐인 결과를 예측하는 것이 아니라 자신이 만든 여러 개의 스토리 어딘가에 미래가 들어 있다는 생각이 중요하다.

객관적이고 설득력 높은 미래상에는 사람을 움직이는 힘이 존재한다. 제시된 미래상이 비참하다면 그렇게 되고 싶지 않다는 마음이 강하게 들게 되고, 그 감정이 삶을 움직여서 결국 비참한 미래를 예방하는 쪽으로 행동하게 될 것이다.

한편 가슴이 두근거리는 미래가 제시된다면, 듣는 사람도 안심하고 계속해서 그 방향을 향해 노력할 수 있다.

미래는 신흥국의 시대다

이러한 사고는 이직을 생각하는 사람에게도 적용된다.

지금 세상에서 높게 평가받는다는 이유로 인기가 많은 회사에 취직해서는 안 된다. 이는 비교적 값비싼 주식을 사는 행위와 마찬가지다.

값비싼 주식을 사기보다는 다른 사람이 보지 못하는 가치를 찾아내서 높은 수익을 올리는 일이 더 중요하다. 구직 활동은 주식 투자와 실로 똑같은 행위다.

지금 일본은 수요가 공급보다 많아서 취업률이 상당히 높은 상태이므로, 거의 모든 산업에서 다른 나라보다 높은 임금을 받을 수 있다. 그러나 여태껏 '강국'이라는 위치에 있던 일본은 점차 '보통' 국가로 변모해갈 것이다.

물론 초장기 순환론의 관점에서 보면 일본에도 성장할 기회는 오겠지만, GDP에 관해 말하면 지금 전 세계에서 이미 신흥국이 그 절반 이상을 생산해내고 있다. 전 세계 부가가치 창출의 회전축이 선진국에서 신흥국으로, 즉 시대가 움직이고 있는 것이다.

시대가 현재진행형으로 다극화해 이른바 'G-제로'의 시대로 나아가고 있으므로 세상을 둘러싼 상황이 크게 변하려 하고 있다. 'G-제로'란 G7을 구성하는 주요 선진국이 지도력을 잃고 G20도 제대로 기능하지 않게 된 국제 사회를 나타내는 말로, 2011년 미국의 정치학자 이안 브레머[Ian Bremmer]가 그 가능성을 지적한 신조어다.

즉 신용 창조가 신흥국에서 생겨나고 있는 것이다.

이러한 상황이므로, 일본인은 선진국 일본이라는 국가 또는 일본의 회사에 의존하고 있을 때가 아니다.

일본이 경제 초강국에서 보통 국가로 옮겨 가는 과정에서는 메이지 유신 때의 사무라이처럼 높은 지위에 있다가 갑자기 고립되고, 신분이 높은 사람이 아닌 실력이 뛰어난 사람이 세상에서 높은 평가를 받는 상황이 종종 일어나리라. 사카모토 료마나 무쓰 무네미쓰 같은 막부 말기의 낭인처럼 프리랜서의 길을 걷는 방법도 효과적이다. 나는 프리랜서야말로 차세대 업무수행 방식이라고 생각한다.

앞으로는 회사나 사회에 의존하는 등 자기 힘으로 서지 못하는 사람은 힘든 삶을 살게 될 것이다.

이러한 상황을 상상하기만 해도, 미래를 전제로 행동해야 한다는 사실을 머리로는 이해할지언정 실제로 행동할 때에는 응용하지 못하는 사람이 많음을 알 수 있다.

자립한 인간이 된다는 행위를 건너뛰면, 회사에 의존하지 않고는 일하지 못한다거나 갑작스러운 해고로 절망의 늪에 빠지게 될지도 모른다. 또 아무리 후회해도 모자랄 만큼 많은 시간과 기력을 소모하게 될 것이다.

투자란 그야말로 머릿속에 그린 미래를 토대로 투자 행동을 한다는 뜻이다. 부디 현재 모습을 보지 말고 조금이라도 좋으니 미래의 모습을 상상하면서, 투자가 아닌 다른 방향에서라도 지금의 행동을 돌이켜 보면 어떨까?

투자도 취직도 미래를 상상하고 하라

나는 대학을 졸업한 후, 도시 은행 계열 투자 고문 회사에 입사했다. 은행을 선택하지 않은 이유는 최대한 빨리, 1년 차 때부터 돈을 운용하는 일을 하고 싶었기 때문이다.

당시에 투자 고문 회사라고 하면 은행업이 아니라는 이유로 도시 은행 등에 취직하는 경우보다 세상의 평가가 부정적이었다. 그러나 펀드 매니저라는 내가 원하는 일을 중시한다면 이 회사를 선택하는 것이 바람직했다.

실제로 1년 차에는 사무 부문에서 전표 쓰는 방법과 정리 방법 등을 배웠지만, 운용 간부 후보생인 동기가 두 명이기도 해서 2년 차부터는 채권 운용부에서 단기 운용 등을 맡아서 했다.

갑자기 수천억 엔 단위의 돈을 운용하게 된 것이다. 이후 3년 차에는 트레이딩부, 4년 차에는 외채 운용부에 배속되었고 채권 전반을 다루게 되면서 입사 당시의 소망을 이루었다.

한편, 대형 도시 은행에 입사했던 대학 동기들은 1년 차에는 자전거를 타고 배속된 지점의 담당 지역을 돌며 예금을 모았고, 2년 차 이후에도 윗선에서 부과한 할당량을 채우기 위해 일일이 상사의 승인을 받으며 일하고 있었다.

게다가 몇 년마다 전근해야 하는 까닭에 직장 내 인간관계로 고민하는 사람이 많다는 이야기도 들었다.

물론 은행에서도 어느 정도 실습 사원 같은 시절이 지나면 기업을 상대로 큰일을 할 기회가 찾아온다. 그러나 내가 느끼기에 큰일을 맡게 될 때까지 수련 기간이 너무 긴 것 같았다.

가끔 만나는 대학 동기에게 '언제까지 이런 일을 해야 할까?'라며 불안과 불만이 섞인 말을 꽤 여러 번 들었다.

나는 스스로 원했던 분야에서 곧바로 경험을 쌓을 수 있었으므로 그런 종류의 불안감 따위를 느끼는 일 없이, 오로지 목표를 향해서 상당히 즐겁고 유익한 하루하루를 보냈다.

조금이라도 하고 싶은 일, 되고 싶은 무언가가 있다면 미래의 모습을 상상하고 최단 거리는 어디인지를 파악한 후에 행동으로 옮기는 일이 중요하다고 생각한다.

다시 원래 이야기로 돌아오면, 투자는 그야말로 미래를 상상하고 하는 행동이다. 따라서 그 무엇보다 '시뮬레이션 사고'가 요구된다. 이는 1997년 11월에 있었던 야마이치증권(일본의 4대 증권사 중 하나_역자 주)의 극적인 도산 사태를 보아도 명확하다. 당시 내가 취직한 도시 은행 계열 투자 고문 회사와 야마이치증권은 후요芙蓉 그룹이라는 같은 재벌 그룹에 속했으므로, 나는 매일 전화로 야마이치증권과 연락을 주고받았다.

나는 도산 직후 서둘러 야마이치증권에 전화를 걸었다. 텔레비전 뉴스를 통해서야 자신의 회사가 도산했다는 사실을 알게 된 야마이치증권은 공황 상태였다. 회사로부터 아무런 연락도 받지 못했기 때문이다. 오늘도 어제와 같은 날이 되리라고 생각하며 평상시와 다름없이 출근했더니, 갑자기 생활의 기반인 회사가 증발하는 바람에 가족과 함께하는 소중한 삶까지 잃게 된 사람들을 눈앞에서 보았다.

야마이치증권의 도산 소식을 듣고 우왕좌왕하던 사이, 순식간에 자금 결제 기한이 찾아왔다. 그 후에는 바로 투자 신탁의 기준가액 산출 마감일이 올 것이다.

신입인 나에게도 만일 자금을 결제하지 못한다면 '캐시 쇼트'라는 유례없는 금융 시스템 쇼크가 일어날 것이 명백히 보였다. 비영업 부문은 불길할 만큼 고요해 속삭임마저 들리지 않았던 기억이 난다.

그리고 지금 돌이켜 보면, 이 사건이 바로 제2차 헤이세이 불황의 시작이었다. 여태까지와 똑같은 일이 오늘도 내일도 계속되리라는 막연한 생각은 잘못된 것이었음을 몸소 체험한 엄청난 사건이었다.

드라이버는 동서고금의 역사에서 뽑아낸다

펀드 매니저들끼리 회의할 때 자주 나오는 말 중에 '드라이버'라는 단어가 있다. 금융 시장의 시세를 움직이는 요인을 찾아낼 때 '지금의 드라이버는?'이라는 식으로 사용한다.

장기간의 드라이버를 찾아내는 행위는 곧 사물의 본질에 접근하는 일이라고 말해도 좋을 듯하다. 즉 마사지할 때 누르는 혈 자리에 해당한다.

나를 비롯한 수많은 펀드 매니저들은 이 혈 자리를 찾기 위해 '미래 세계의 드라이버는 무엇일까?'를 정확하게 특정해나가는 작업을 한다.

그러나 이 드라이버는 어느 때는 금리, 어느 때는 원유 가격 변동, 어느 때는 전쟁이라는 식으로 상황에 따라 크게 변한다. 더구나 특정해내기까지 상당한 고난이 뒤따른다.

이러한 까닭에, 이 드라이버를 찾아낼 때의 요령이 투자를 좌우한다. 그러나 이 드라이버를 찾아내는 포인트는 어느 정도 유형화되어 있다. 이 책에서 여태껏 설명했듯이 역사는 '반복'되기 때문이다.

물론 펀드 매니저의 능력을 보여주는 드라이버를 컴퓨터로 분석하여 특정해내는 방법도 있다. 그러나 대개 어쩐지 미심쩍은 느낌을 지우기 어려운데, 그 이유는 컴퓨터가 해석하는 데 필요로 하는 데이터 자체가 지금으로부터 고작 100년쯤 전의 것까지밖에 없기 때문이다.

따라서 큰 투자 수익을 낳는 원천은 동서고금의 역사에서 미래를 뽑아내어 투자한다는 견실한 과정에 있는 셈이다.

　당연히 이 견실한 작업에도 생산성을 높이기 위한 요령이 있다. 바로 '착안대국 착수소국着眼大局 着手小局'이라는 사고방식을 응용하는 방법이다.

　착안대국 착수소국은 본래 바둑에서 나온 말로, '착안대국'은 만물을 전체적으로 크게 파악하는 일, 또 만물을 폭넓게 보고 그 요점이나 본질을 꿰뚫어 보는 행위를 의미한다.

　'착수소국'은 세세한 부분에 주의를 기울이고 구체적인 작업을 실천하는 것을 의미한다. 즉 먼저 전체를 바라보고 커다란 방향성을 정한 다음, 그 뒤로 구체적인 행동에 적용하여 실천해나간다는 말이다.

　새의 눈으로 사물을 파악하고, 물고기의 눈으로 세상의 흐름을 읽고, 벌레의 눈으로 현장에 나가 업무에 몰두하는 행위라고 바꿔 말할 수도 있겠다.

　이처럼 유연하게 전체와 부분, 목적과 수단을 생각하는 작업은 드라이버라는 현상의 본질을 파악하는 데 상당히 유용하다.

　이 착안대국 착수소국으로 드라이버를 발견하고 스토리를 만들 때에는 국내외의 경제사를 해독하는 작업부터 시작하면 좋겠다.

이 착안대국은 매우 중요한 사실을 암시한다.

G-제로라는 '포스트 냉전 체제의 붕괴'로 다극화 세계라는 불투명한 세상이 되어가고 있는 지금 상황에서는 더욱더 멀리서 내려다보는 행위의 중요성이 선명해질 것이다.

멀리서 내려다보며 동서고금의 역사 유형을 적용해 미래를 생각할 때 탄생하는 여러 가설은 '깨달음의 기회'를 준다.

드라이버를 특정해내는 데에는 시뮬레이션 사고의 핵인 '스토리' 창작 기술이 큰 도움을 주며, 다양한 스토리를 만들어낼 수 있다면 그만큼 많은 것을 발견하게 된다.

예를 들어보자. 만약 시세를 볼 때 미리 시뮬레이션해둔 스토리가 있다면, A 포인트에서 B 포인트로 움직일 때 어떤 사태가 일어날지 그 과정을 자연스럽게 그릴 수 있다.

물론 이 과정은 가정일 뿐이다. 그러나 이 가정이 한 가지 기준이 되어 깨달음을 얻을 기회를 주는 것이다.

이렇게 말하면 어렵게 느껴질지도 모르지만, 여러분도 일상생활에서 자연스럽게 실천하는 일이다. 어느 안건을 두고 회사에서 회의를 할 때, 'A 부장은 사소한 점을 공격할 것 같으니 미리 조사해두자', 'B는 계획성에 대해 날카롭게 질문할 것 같으니 예상 스케줄을 세워두자'라고 상상하는 작업도 충분히 스토리에 해당한다.

일어날 법한 가까운 미래에 대해 골똘히 생각한 다음 실제 행동으로 옮기는 작업이 '시뮬레이션 사고'의 기본이다.

드라이버란 이 실현하고 싶은 미래의 열쇠가 되는 요소를 가리킨다.

중요한 점은 '어떻게 최적의 드라이버를 발견할 것인가'이다.

최적의 드라이버를 발견하기 위해서는 반드시 드라이버가 든 서랍을 많이 가져야만 한다.

스토리를 창작하는 데 필요한 서랍을 많이 가지려면, 평소 의식적으로 역사관을 기르기 위해 다양한 역사책을 읽으며 역사관 기르는 법을 훈련해야만 한다.

나는 올해 모스크바의 겨울에 갇혀, 막부 말기의 어느 무사가
쓴 일기인 『정서일기征西日記』라는 책을 읽었다.

이 책은 1864년에 제14대 쇼군 도쿠가와 이에모치德川家茂가 상
경했을 때, 쇼군의 친위대로 에도부터 동행해 온 한 사무라이의
일기다.

일기에는 그가 163일간 머물렀던 교토에서 보낸 일상이 기록
되어 있다.

당시 교토에서는 존왕양이尊王攘夷(일왕을 받들고 외국인을 배척하
던 국수주의적 정치사상_역자 주)를 주장하는 낭인들이 매일 살육을
일삼고 있었다고 한다. 애초에 이처럼 흉흉한 교토에 쇼군이 상
경한 이유 역시 양이를 일왕에게 약속하라는 조슈長州(현재 야마구

치 현_역자 주) 지방을 중심으로 한 반反막부 세력의 궁정 외교가 성과를 이루어낸 결과였다.

참고로 말하면 쇼군의 상경 자체가 229년 만에 일어난 지극히 이례적인 일이었다.

그런데 그 일기에는 이처럼 위태로운 세상의 모습을 전혀 찾아볼 수 없다. 쇼군을 섬기던 당시 스물한 살이었던 막부 신하가 날마다 친구와 서로의 집을 오가며 매춘을 즐기는 모습이 생생하게 묘사되어 있을 뿐이다.

존왕파인 사무라이들이 쇼군을 암살할 것이라는, 암살 예고 노래가 떠돌던 교토에서 이러한 행동을 했다는 점이 놀랍다.

아침에는 수련, 정오부터는 장보기를 즐겼고 밤에는 친구 또는 가족과 주로 과자와 생선 같은 선물을 매일같이 교환했다. 때로는 모두 함께 사원이나 신사를 보러 가거나 소풍을 가기도 하는 등 집고양이처럼 즐겁게 보낸 일상이 기록되어 있다. 1일 업무, 3일 휴가라는 일정은 일기의 마지막까지 이어진다.

일기에는 정치에 관한 견해나 격동하는 사회의 모습이 전혀 드러나 있지 않아서, 막부 말기의 격동적 모습을 조금도 찾아볼 수 없다. 가끔 장어 맛집에서 장어를 먹고 귀가하다가 다리 옆에서 목이 없는 사무라이의 시체를 보았다는 내용이 나올 뿐이다.

사실 이런 상황이야말로 막부 말기 실제 모습이 아니었을까.

나중에 돌이켜 보면 격동하는 사회로 보이는 세상조차 단지 그때 그 장소에 있었을 뿐, 세상의 전체 모습을 파악하려고 노력하지 않는다면 사실 격동을 느끼기 어렵다.

실감에는 관성의 법칙이 큰 비중을 차지한다. 사람들의 감각은 막부 말기처럼 변혁이 뒤따르는 격동을 느끼기보다는 여태껏 평화로웠던 일상생활이 지속하는 상황 쪽으로 쉽게 기울었을 것이다.

문득 집필 중인 원고에서 눈을 돌려 창문 밖을 바라보니 눈앞에는 러시아의 황량한 풍경이 펼쳐져 있다. 시간과 장소를 초월한 기묘한 느낌이 들면서 '이것이 현실이구나'라는 생각에 가슴이 뭉클해진다.

나는 펀드 매니저라는 직무상 해외에서 매일같이 투자자들에게 전 세계 정세를 보고하는데, 돌이켜 보면 특히 트럼프 정권 탄생 전후인 2016년 이후에는 어쩐지 하루하루가 순식간에 지나간 것 같다.

유럽에서는 브렉시트(영국의 EU 탈퇴)가 있었고, 미국에서는 트럼프 정권이 탄생했다. 그 밖에도 전 세계에서 과거에는 상상조차 하지 못했던 갖가지 사건이 눈 깜짝할 사이에 일어났다.

이러한 정세를 음미하고 보고하는 작업을 매일 반복해도 여전히 따라갈 수 없는 답답함을 느낀다.

『정서일기』는 저자가 세상을 떠난 후, 먼저 떠난 벗을 그리워한 그의 친구가 생전에 저자가 남긴 일기를 정리해 펴낸 것이다. 저자인 이바 하치로伊庭八朗는 이 일기를 남긴 후 하코다테 전쟁函館戰爭(1868~1869에 있었던 보신 전쟁 국면 중 하나로, 신정부군과 구 막부군의 마지막 전투_역자 주)에서 숨을 거두었다.

이바 하치로는 보신 전쟁戊辰戰爭(1868년부터 1869년까지 일본에서

왕정복고로 수립된 메이지 정부와 옛 막부 세력이 벌인 내전_역자 주)이 한창일 때 한쪽 팔을 잃었는데도 하코다테 전쟁 때까지 일본 전국을 돌며 전투를 치렀고, 격전 끝에 자결했다.

일기 후의 세상은 나와 있지 않으므로 그의 감회는 상상할 수밖에 없지만, 내가 생각하기에 교토에서 담담하고 즐겁게 지냈듯이 그저 담담하게 친구와 함께 관군과 싸웠는지도 모른다.

현재 우리가 사는 세계는 막부 말 당시처럼 다극화를 향해 크게 움직이는 중이며, 앞날이 불투명해진 탓에 큰 혼란이 계속되고 있다.

이러한 상황 속에서는 앞으로 변화를 따라가지 못해 생활에 불편을 느끼는 사람, 반대로 눈부신 활약을 펼쳐서 큰돈을 버는 사람이 나타난다. 이것이 바로 '난세'라 불리는 시대의 특색이다.

이처럼 혼란한 시대의 역사를 되짚어 보았을 때, 큰 활약을 펼치게 되는 사람은 어떤 공통된 행동을 보인다. 바로 시간상으로 어긋남이 없는 사고와 행동의 일치다. 그리고 내가 생각하기에 남보다 먼저 정확하게 움직이는 사람은 평소 다음과 같은 사고법을 실천하고 있는 듯하다.

8장에서도 설명했듯이 첫 번째는 '세계에 대한 호기심'이다. 이는 공간을 뛰어넘어 어학력이나 폭넓은 국제 지식을 갈고닦아 스스로 하고자 노력하는 것으로, 가장 좋은 것이 무엇인지를 전 세계에서 찾는 능력이다.

그리고 두 번째는 '지정학 파악하기'다. 표층에 드러나 있지는 않지만 심층에 반드시 들어 있는 지리라는 개념을 염두에 두고, 각국의 외교 관계에 관한 통찰력을 단련해두는 것을 말한다.

세 번째는 '돈의 역사에 대한 조예'다. 인과 관계를 파악하려면 각국의 경제·금융사를 배우는 것이 매우 중요하다. 그 일을 하면 이렇게 되리라는 과거의 사례를 지식으로 끊임없이 축적해두면 이 능력이 점차 향상된다.

나는 매일 위의 1부터 3까지의 요점을 파악하여 스토리로 만드는 작업을 한다. 앞으로 일어날 가능성을 상상하는 힘, '만일 A라

면 B라는 결과를 끌어내기 위해서 어떻게 해야 할까?'라고 생각
하는 것이다.

참고로 이 시뮬레이션 사고를 항상 실천한 사람은 일본 센고
쿠 시대戰國時代(일본의 15세기 중반부터 16세기 후반까지 사회적, 정치
적 변동 및 내란이 계속된 시기_역자 주)의 무장들이었다. 바로 '전의
詮議'라는 훈련이다. 모든 가신은 빙 둘러앉아 적이 공격해 왔을
때의 대응책을 중심으로, 사례 연구를 활용해 서로 지도해주며
학습했다.

예측 밖의 상황이 일상인 난세에서는 이 전의라는 훈련이 적
보다 재빠르고 적확한 행동을 하게 함으로써 무장들의 생사를
갈랐다.

시대를 생각할 때마다 내 머릿속에 떠오르는 말이 있다.

"정치인이 할 수 있는 일은 역사를 걷는 신의 발소리에 귀를
기울이는 것뿐이다."

바로 이바 하치로와 동시대를 살았던 독일제국의 재상, 비스

마르크가 한 말이다.

시대의 물결에 순응한 이바 하치로 같은 삶도 있고, 시대를 따라잡으려 했던 비스마르크 같은 삶도 있다. 이 중에서 나는 후자의 삶을 추구하며 살기를 강하게 소망한다.

그리고 이 책을 선택해주신 독자 여러분도 앞으로 이 비스마르크의 자세로 투자하기를 바란다.

마지막으로 이 책을 출간하기에 앞서 많은 분께 도움을 받았다. 이 자리를 빌려 감사의 말을 전하고 싶다.

쓰카구치 다다시

송은애 옮김

국립 오차노미즈여자대학교에서 글로벌 문화학과 비교 역사학을 공부했다. 현재 바른번역 소속 번역가로서 번역, 통역, 레슨 등 일본어와 관련된 다양한 분야에서 활동 중이다. 원문의 향기를 고스란히 간직하면서도 자연스러운 번역, 더 나아가 저자의 부족한 부분까지 채워줄 수 있는 번역을 지향한다. 옮긴 책으로는 『세계사를 바꾼 12가지 신소재』, 『인간을 탐구하는 수업』, 『인사이드 아웃, 오늘은 울어도 돼』, 『시간의 본질을 찾아가는 물리여행』, 『정관정요 강의』, 『과학잡학사전』, 『병은 재능이다』(공역) 등이 있다.

지폐의 탄생부터 비트코인까지, 세계사로 미래를 예측하는 8가지 생각도구

최고의 투자자는 역사에서 돈을 번다

초판 1쇄 발행 2019년 8월 5일
초판 2쇄 발행 2021년 4월 30일
지은이 쓰카구치 다다시
옮긴이 송은애

펴낸이 민혜영 | **펴낸곳** (주)카시오페아 출판사
주소 서울시 마포구 월드컵로 14길 56, 2층
전화 02-303-5580 | **팩스** 02-2179-8768
홈페이지 www.cassiopeiabook.com | **전자우편** editor@cassiopeiabook.com
출판등록 2012년 12월 27일 제2014-000277호
편집 최유진, 위유나, 진다영 | **디자인** 고광표, 최예슬 | **마케팅** 허경아, 김철, 홍수연
외주편집 문보람 | **표지 디자인** 김태수

ISBN 979-11-88674-71-8 03320

이 도서의 국립중앙도서관 출판시도서목록(CIP)은 서지정보유통지원시스템 홈페이지(http://seoji.nl.go.kr)와 국가자료공동목록시스템(http://www.nl.go.kr/kolisnet)에서 이용하실 수 있습니다.
CIP제어번호: CIP2019027555